AI 新媒体运营

营销+推广实战指南

彭筱星 ◎ 著

江西科学技术出版社

江西·南昌

图书在版编目（CIP）数据

AI新媒体运营：营销+推广实战指南 / 彭筱星著. -- 南昌：江西科学技术出版社，2025.3. -- ISBN 978-7-5390-9465-6

Ⅰ. G206.2-39

中国国家版本馆CIP数据核字第2025BN9132号

AI新媒体运营：营销+推广实战指南
AI XINMEITI YUNYING:
YINGXIAO + TUIGUANG SHIZHAN ZHINAN

彭筱星 著

出版发行	江西科学技术出版社
社址	南昌市蓼洲街2号附1号
	邮编：330009　电话：（0791）86623491　86639342（传真）
印刷	三河市双升印务有限公司
经销	全国新华书店
开本	710 mm×1000 mm　1/16
字数	230千字
印张	14
版次	2025年3月第1版
印次	2025年3月第1次印刷
书号	ISBN 978-7-5390-9465-6
定价	78.00元

国际互联网（Internet）地址：http://www.jxkjcbs.com　　选题序号：KX2025087　　赣版权登字：-03-2025-42

责任编辑：徐易羚　　　　总策划：杨青　　　　出版统筹：柴占伟

策划编辑：杜若婷　师圣　　装帧设计：张晴　章越

版权所有　侵权必究

（赣科版图书凡属印装错误，可向承印厂调换）

前言

　　新媒体成为人们主要的信息和知识获取渠道,其多样化表现形式和即时更新特性在全球范围内展现出极高的用户黏性和广泛的影响力。同时,人工智能(以下简称 AI)技术的飞速发展重新定义了新媒体的运作模式和推广策略,将智能化操作和精准化营销推向前所未有的高度。这种科技驱动的变革不仅增强了内容的可达性和吸引力,也为运营者提供了前所未有的数据洞察,使他们能够更好地理解和满足用户需求。

　　新媒体平台多样化与内容个性化是发展的两大特点。科技进步和算法优化使新媒体平台能够更精确地捕捉用户兴趣和行为习惯,提供更加个性化和精准的内容推荐。随着平台算法的不断升级,内容推荐变得更加智能化,能够在浩瀚的信息海洋中为用户筛选出真正有价值的内容。因此,新媒体运营者需要不断调整策略,利用数据分析和用户反馈,优化内容创作和分发,以保持竞争力。这种策略的持续优化是保持用户参与度和平台活跃度的关键。

　　AI 作为强大的技术支撑,在新媒体运营中的应用广泛,从内容生成和个性化推荐到用户行为分析及广告投放优化。AI 帮助运营者分析大量数据,识别趋势和用户偏好,并在内容创作中提供辅助,如自动生成文字、图像,甚至视频内容,极大地提高了运营效率和内容吸引力。此外,AI 的实时反馈机制使得运营者能够即时调整策略,响应市场变化,从而有效地提升用户参与度和品牌忠诚度。

　　本书聚焦新媒体具体运营推广实战,尤其是小红书、抖音快手,以及 B 站三个重要平台的应用实例。小红书以生活方式和品牌推广见长,抖音快手主打短视频和直播带货，B 站以二次元文化和深度视频内容著称。本书中用案例展示 AI 如何帮助运营者在这些平台上有效进行内容创作、用户互动、流量获取及变现。通过深入分析每个平台的特点和优势，本书提供了详细的策略和操作指南，旨在帮助运营者最大化内容的影响力和商业价值。

  AI 技术的集成不仅提高新媒体运营效率，更是一种策略视角，帮助运营者在复杂多变的新媒体环境中寻找成功路径。通过实例分析和理论阐述，本书提供一套完整的理论框架和实战指南，助力新媒体运营者在 AI 时代把握机遇、创造价值。这不仅是一次技术革命的应用展示，也是对新媒体运营未来趋势的深刻洞察和预测，为行业内外提供宝贵的经验和启示。

目 录

▶ 第一编　基础理论编 ◀

第 1 章　新媒体

1.1　了解什么是新媒体　　　　　　　　　　　　　　4
1.2　新媒体怎么玩出彩　　　　　　　　　　　　　　11

第 2 章　AI

2.1　AI 的前世今生：从梦想到现实　　　　　　　　　18
2.2　AI 的应用场景　　　　　　　　　　　　　　　　27

▶ 第二编　运营推广实战编 ◀

第 3 章　小红书运营推广

3.1　打造你的专属小红书风格　　　　　　　　　　　35
3.2　小红书内容创作指南　　　　　　　　　　　　　41
3.3　小红书账号涨粉　　　　　　　　　　　　　　　68
3.4　小红书变现　　　　　　　　　　　　　　　　　85

第 4 章　抖音快手运营推广

4.1　短视频营销的思路　　　　　　　　　　　100

4.2　短视频营销定位　　　　　　　　　　　　107

4.3　短视频账号内容创作　　　　　　　　　　116

4.4　短视频直播带动营销　　　　　　　　　　126

4.5　短视频账号高效运营　　　　　　　　　　132

4.6　短视频账号流量变现　　　　　　　　　　143

第 5 章　B 站运营推广

5.1　B 站介绍　　　　　　　　　　　　　　　161

5.2　B 站账号认证运营　　　　　　　　　　　170

5.3　B 站视频创作　　　　　　　　　　　　　173

5.4　B 站引流　　　　　　　　　　　　　　　185

5.5　B 站运营数据分析　　　　　　　　　　　196

5.6　B 站账号运营推广技巧　　　　　　　　　204

5.7　B 站账号变现　　　　　　　　　　　　　212

后　记　　　　　　　　　　　　　　　　　　217

▶ 第一编 ◀

基础理论编

在瞬息万变的数字时代，新媒体和 AI 的融合正以迅猛的速度改变着传播方式和商业模式。与此同时，AI 的迅猛发展赋予了内容创作、用户分析与传播策略前所未有的智能化手段。这些变化并不仅仅体现在技术的进步，更代表着传播理念的更新与用户关系的重构。本编将引导读者理解这些复杂动态背后的原理和趋势，帮助您在纷繁的信息环境中找到方向。通过对新媒体和 AI 的初步探索，您将不再仅仅是被动适应时代变革的旁观者，而是具备主动迎接未来的视野与能力，能够在内容营销和品牌推广中找到更多机会，为未来的发展奠定坚实的理论基础。

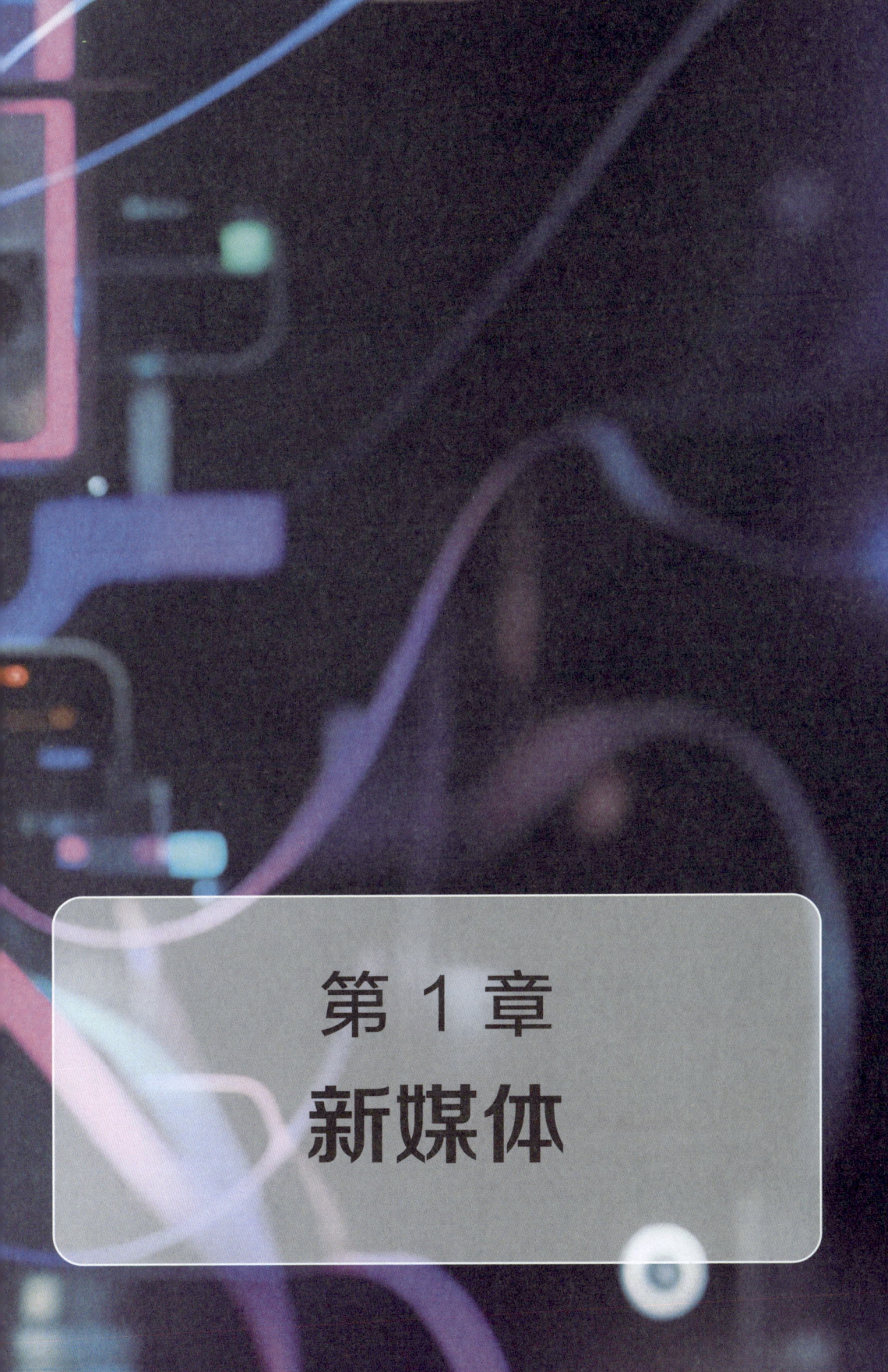

第 1 章
新媒体

1.1 了解什么是新媒体

"新媒体"一词最早出现在 1967 年,当时出现在由哥伦比亚广播电视网技术研究所所长 P. 高尔德马克(P. Goldmark)准备的一项商品的开发计划中。后来,美国总统传播特别委员会主席华尔特·惠特曼·罗斯托在 1969 年的一份报告中多次提到"新媒体"这个概念,并向时任总统理查德·尼克松介绍。这个术语在美国迅速流行起来,并很快传遍全球。

对于"新媒体"的定义,全球的专家意见各异。在早期,联合国教科文组织简单地把新媒体定义为在线媒体。另外一种普遍接受的定义是,新媒体基于数字技术,通过互联网传播信息。这些定义帮助我们理解新媒体如何利用现代技术在全球范围内传播信息。要准确理解其内涵,首先要明确什么是"媒体"。媒体就是信息的载体或传递渠道,传统媒体如电视、广播、报纸、杂志等,通过特定的传播手段将信息传达给大众。而"新媒体"则是随着互联网技术的发展而诞生的一种新的传播形式。它基于互联网和移动终端技术,以智能手机、平板电脑、电脑等为载体,通过社交媒体、短视频平台、直播、电商平台等新兴渠道,快速而广泛地传播信息。

我们可以询问 AI,看看 AI 如何解释新媒体。

请解答什么是新媒体。

新媒体就是随着科技发展而出现的新型传播方式，它与传统媒体相比更注重互动性和参与感。传统媒体像报纸、广播、电视，基本上是单向的信息传递，用户接收到内容后很少有直接反馈的渠道。而新媒体的核心特点就是"人人都可以是传播者"，通过互联网、手机、社交平台等方式，普通人可以非常便捷地创作、发布和分享内容。

在新媒体的世界里，信息的传播速度更快，覆盖范围更广。我们可以在一秒钟内分享自己的想法、照片或视频，哪怕隔着半个地球也能让对方立刻看到。新媒体的代表平台有微博、微信、抖音、快手等，在这些平台上，用户不仅是内容的接收者，同时也是内容的创造者和传播者，这种互动模式让信息在更短时间内到达更多人，形成一种"人人为我，我为人人"的信息交流方式。

新媒体的传播方式更加灵活和多元化。短视频、直播、图文、语音等多种表现形式满足了人们多样化的需求，让内容变得更加生动和直观。正因为这种多元化，企业、品牌也纷纷投入新媒体的营销中，通过新媒体平台直接与消费者互动，及时获得反馈和调整策略。

我们可以看到 AI 的回复中的解答对新媒体的定义和特点做了较为全面的介绍。

从内容的全面性来说，AI 的解答很好地概述了新媒体的核心特征，如互动性和参与感，以及与传统媒体的区别。通过举例说明（如微博、微信、抖音等），使读者能够清楚地理解新媒体平台的日常应用和影响。AI 所提供的答案结构合理，先定义新媒体，然后区分传统媒体和新媒体，接着详细描述新媒体的互动特性和多样化的内容形式，最后谈到了新媒体在商业和营销中的应用，逻辑连贯，易于理解。另外，解答中涉及的内容体现了新媒体的最新发展趋势，如短视频和直播的流行，这有助于读者理解新媒体环境下的信息传播方式。

注意，针对本书中所出现的文本框，为了展示 AI 生成文字的内容，不做任何修改，所以不可避免会出现部分语言瑕疵或错别字等，请知悉。

1.1.1 新媒体的本质特征

大家都称之为"新媒体"，但是其完整的表述应该是数字互动新媒体。也就是说，"新媒体"在技术层面上应该是数字化的，从传播特性的角度来说是高度互动的。"数字化"和"互动"构成了新媒体的基本特征。

新媒体是一种与传统传播方式不同的信息传播模式，它的信息发送和接收方式可以是同步的（实时进行）或异步的（不同步进行）。比如写字楼里的广告屏幕、车载移动电视等，因为这些设备缺乏互动性、无法进行双向交流，所以并不属于真正的新媒体。

从本质上讲，"新媒体"是一个相对的概念。它的定义随着传播技术的发展而不断演变，代表"当下的新"，即今天我们认为"新"的媒体形态，而不是过去的"新"或未来的"新"。例如，广播和电视在 20 世纪初诞生时是新媒体，但现在我们认为它们属于传统媒体。同样，我们也不能用"未来的新"来定义新媒体，否则就会让现在的媒体概念变得模糊、不明确。

"新媒体"这个"新"的标准主要参照国际通用标准。某些在中国被视为新媒体的形式，实际上在其他国家已存在多年，因此并不被认为是新媒体，比如车载移动电视。另外，新媒体这个概念并不等同于"数字媒体"，因为数字化的生产过程并不是新媒体的独有特征。如果把"数字媒体"当成新媒体的标准，那么很多传统媒体也会被归入其中，这显然是不合适的。

与传统媒体相比，新媒体具备一些显著的特点，比如传播速度快、信息量大、成本低、传播范围广泛、可以进行精准的信息搜索和个性化推荐等。然而，新媒体的核心特征在于其依赖于数字技术和互动传播。在传统媒体中，信息的传播是单向的，传播者（如记者、电视台）向受众传递信息，受众只能被动地接收，无法表达意见。但在新媒体中，这种界限变得模糊了。受众不再只是被动的信息接收者，而是可以主动参与信息传播，甚至自己成为传播者。杂志《线上》（*Online*）曾用"所有人的传播"来定义新媒体，意思是说，新媒体给了每个人表达、交流的机会，而不再像传统媒体那样区分"传播者"和"受众"。在新媒体的环境中，人们可以同时是内容的生产者和接收者，可以倾听，也可以表达，这种互动是前所未有的。因此，现如今在新媒体研究中，通常用"用户"来代替"受众"，因为"用户"更能体现这种参与性和互动性。从互动性角度看，我们可以发现一些所谓的"新媒体"其实只是"传统媒体的升级版"。比如车载移动电视、户外广告屏幕、写字楼广告电视等，这些媒体形式虽然看上去有新意，但缺乏用户与信息的互动，因此还是属于传统媒体的范畴。

1.1.2 新媒体的其他特征

即时性

无论是全球的突发事件还是本地的小事，通过新媒体的网络平台，只需要几秒钟的时间就能传达到世界各地。这种即时性大大区别于传统的媒体方式，以前我们可能要等电视新闻的播报或报纸的出版，而现在只需要打开手机，就能瞬间了解最新的动态。这对用户的好处显而易见——在我们生活的快节奏环境中，第一时间掌握信息就意味着可以更好地应对变化，比如股市的波动、突发的天气警报，甚至是日常的交通情况。对于品牌和企业来说，借助新媒体也可以第一时间把产品动态、市场活动传达给潜在客户，这在营销上有着巨大的价值。不仅如此，由于新媒体的覆盖面广，受众可以在不同的设备上接收信息，极大地提升了信息的普及率。

个性化

现在的大数据和算法技术，可以根据用户的兴趣爱好、浏览记录，甚至是好友的互动行为，为每个用户推荐专属的内容。比如，当你喜欢某类短视频时，平台会不断给你推送类似内容，让你越看越喜欢。这不仅是一个信息推送过程，更是让用户在内容中找到共鸣的过程。对用户来说，个性化推荐帮助他们在茫茫的信息海洋中快速找到喜欢的内容，节省时间，丰富体验。对于企业来说，这种个性化推荐也提高了精准营销的可能性，因为平台能够自动把广告或产品推荐给感兴趣的用户。通过这一点，平台也能更好地留住用户，因为越符合用户兴趣的内容，越容易吸引他们再次打开应用，增强用户的黏性。

社交化

用户不仅是信息的接收者，还是传播者和互动者。想象一下，你在社交媒体上看到一条搞笑的视频，轻轻一点就可以转发到朋友圈或发送给好友，这条内容瞬间就扩散到了你的社交网络中。通过点赞、评论、分享等方式，用户在享受内容的同时，也在无形中为内容打广告，让更多人看到。对于商家来说，社交化属性让内容营销有了更高的传播效率，一个有趣的活动或者一个具有创意的广告可以在短时间内爆火，借助用户的分享而快速扩散。社交化让信息更"有温度"，它不仅仅是冷冰冰的传递，更是人与人之间的互动，这也更容易让人们产生情感共鸣。

多样化

以前我们获取信息主要通过文字，现在通过新媒体平台可以看到丰富的图文、音频、视频内容，甚至是 VR、AR 这种沉浸式的互动体验。这种多样化让用户在信息获取过程中更有选择性，有的用户喜欢短视频的生动直观，有的则喜欢文字的深入思考，而有的更偏爱音频形式便于在路上收听。对于企业和创作者来说，多样化的内容形式也赋予了他们更大的创意空间，可以根据目标群体的需求选择最合适的表达形式，比如一则 30 秒的创意广告视频就能吸引年轻群体，而一篇深度的文章则适合爱好阅读的用户。多样化不仅丰富了用户的视野，更是新媒体竞争力的体现，用户可以根据自己的喜好找到最适合的信息类型，让整个内容消费过程变得有趣又有价值。

1.1.3 新媒体的价值

精准营销，直达用户

新媒体利用大数据分析，实现了对用户兴趣的精准捕捉和内容推送。这一特性让品牌和商家能够在海量内容中找到合适的目标受众，精准触达潜在消费者。例如，某人在短视频平台上关注了健康饮食内容，平台就会向其推荐更多健康产品和资讯，让品牌的投放变得更有价值。

内容的多样性和互动性

新媒体的内容形式已经不再局限于图文，而是涵盖了视频、音频、直播、VR 等多种模式，甚至可以通过交互式游戏、虚拟试衣间等技术实现更深度的用户参与。例如，在直播电商中，主播与观众可以实时互动，观众对产品的疑问可以得到实时解答，这增强了用户的信任感和购买欲望。

自媒体赋权，人人皆可发声

相比于传统媒体的垄断性，新媒体降低了信息发布的门槛。微信公众号、抖音号、B站up主等平台，让每个人都可以成为信息的传播者。这一特性赋予了个体前所未有的发声权，甚至让普通人也有机会成为网络红人、KOL（关键意见领袖），影响成千上万的受众。

1.2 新媒体怎么玩出彩

在新媒体领域中，想要在众多的竞争者中脱颖而出，不仅需要掌握一定的技术手段，更需要深刻理解传播的本质。现阶段众多品牌和创作者都在尝试利用各种平台来扩大影响力，连接更广泛的受众。这种环境要求新媒体的工作者不断创新，同时保持对受众动态的敏感性。新媒体的策略会涵盖从受众定位到内容创新，从运营到社交互动等全方位的考量。

1.2.1 精准定位受众

精准定位在新媒体运营中至关重要，因为它决定了内容的走向、风格、呈现方式，甚至是发布频率。没有精准定位的账号如同一艘在大海中没有方向的船，不仅浪费资源，还会让用户失去兴趣。因此，精准定位不仅关乎受众的选择，还决定了后续的内容创作和推广策略。

精准定位的第一步是受众分析。新媒体的受众通常很广泛，因此需要通过具体的人群特征来缩小范围。比如，运营一个针对年轻妈妈的育儿账号，内容定位和风格应该与一个面向商务人士的账号有很大的不同。在确定受众时，可以考虑人口统计学的要素：年龄、性别、地域、职业、收入水平等。同时，也要考虑他们的心理特征，比如消费习惯、兴趣爱好、社交平台的使用习惯等。通过这些分析，可以勾勒出用户的典型画像，指导内容制作。

在确定目标受众后，还需进行竞争对手分析。观察那些和你定位相似的账号，分析它们的优缺点。比如可以查看其发布内容的互动情况、用户反馈、热门话题等。

通过分析竞争对手，可以了解什么样的内容更受目标用户的喜爱，哪些做法可以规避。分析竞争对手也可以帮助找到市场空白点。如果竞争对手在某一方面有所欠缺，而这又是用户关心的点，那么这就是内容制作时的一个突破口。

有了用户画像和竞争对手分析之后，就可以开始规划账号的内容方向和调性了。内容方向主要决定了账号会提供什么样的内容，如资讯、娱乐、教育还是实用小技巧等；调性则影响用户的第一印象，比如是幽默风趣的，还是严肃专业的。这些都应该与目标受众的习惯和需求相契合。以一个针对年轻人的美妆账号为例，其内容方向可以围绕护肤、化妆技巧、新品评测展开，而调性可以走"清新简约"或"潮酷炫"的风格。

随着新媒体的不断发展和受众需求的变化，精准定位并非一成不变，而是需要不断调整和优化的。在初期可以通过数据分析来优化定位，根据用户的实际反馈来调整方向。如果发现目标用户并没有按预期产生兴趣，就要重新思考内容定位的问题。数据分析是一种有效的方式，比如可以观察用户的评论、私信等，了解他们的真实想法和需求，也可以查看后台的受众年龄、地域等数据，进一步验证用户画像的准确性。精准定位的最终目标是让用户找到内容时感觉"这就是我想要的"，而非"这只是千篇一律的信息"。当用户感觉到内容对自己有帮助，并且能在内容中找到共鸣，就更容易留下来，形成持续的关注。

1.2.2 内容创新

在信息爆炸的时代，内容创新是新媒体脱颖而出的关键。人们的注意力非常有限，如果不能在短时间内抓住用户的眼球，那内容很可能被快速划走。因此，内容创新不是表面的花样，而是要真正满足用户的好奇心和娱乐需求，甚至要让用户觉得"这种内容我以前没见过"。

内容创新要基于对用户需求的深刻理解。很多新媒体账号失败的原因在于，他们的内容形式虽然新颖，但并没有解决用户的问题或满足用户的需求。内容创新不只是为了哗众取宠，而是为了提供真正有价值的内容。比如，有一些美妆博主会尝试将化妆和搞笑剧情结合，制作短视频，这样的形式既能传达产品信息，又能让用户在观看时感到愉悦，达到了寓教于乐的效果。

在新媒体内容创新中，形式上的创新也尤为重要。短视频是目前主流的内容形式，很多账号通过精致的剪辑、动感的音乐、独特的视角吸引了大量的观众。对于图文类账号，可以在排版和配图上做创新，采用漫画风格、互动式图表等方式增加趣味性。另外，直播作为一种高度互动的形式，能让用户和内容创作者实时交流，也是非常值得尝试的创新形式。

创新还可以体现在内容的视角上。很多话题大家都在做，区别在于视角的不同。例如，关于环保的内容，大部分人可能会从社会责任的角度去谈，但如果你能从日常生活细节切入，如何通过减塑让生活更有趣、如何在日常生活中"低碳打卡"，这样的视角会更贴近生活，更有可能引起用户共鸣。新媒体内容创新的关键就在于找到一个用户看过但不多见的视角，重新审视大众话题，给用户带来不一样的感受。

创新内容最后还要具备传播性，也就是方便用户分享，甚至能引发用户主动分享。这要求内容在构思时就要考虑到用户是否有动力分享、是否符合他们的兴趣和社交需求。比如通过精心设计的标题和封面图，激发用户的好奇心。社交媒体上的热点标签和话题，也是创新内容时可以利用的资源，借助这些流量节点可以提升内容的曝光度。

1.2.3 数据驱动优化

虽然内容创作是创意的表达，但想要获得良好的用户反馈，不能完全依靠"拍脑袋"。所以说数据驱动优化是新媒体中不可或缺的一环。通过数据分析可以了解用户的偏好，从而不断优化内容，以获得更好的传播效果。

数据驱动优化的第一步是要建立数据意识。数据不仅仅是冰冷的数字，它背后反映的是用户的真实行为和偏好。比如，点赞量、评论量、转发量等指标可以直接反映内容的受欢迎程度，而用户的观看时长、阅读深度等则是衡量内容吸引力的重要标准。运营者需要明确，每一条内容发布后，都是一个可以积累数据的节点，这些数据为后续的优化提供了依据。

在数据驱动优化的过程中，定期复盘是非常重要的。运营者需要对每一阶段的运营数据进行分析和总结，了解哪些内容是受欢迎的，哪些内容没有达到预期。通过对数据的拆解，可以发现具体问题，比如内容的开头是否能抓住用户，或是某些话题的兴趣点不高，用户留存率偏低等。在复盘时，可以从多个维度来分析数据，包括观看量、转发率、点击率等，并结合用户的实际反馈来调整内容方向。

数据驱动的另一个重要环节是 A/B 测试。在不确定哪种内容形式更能打动用户时，可以通过发布不同形式的内容来测试。例如，可以在同一时间发布两条内容，一条侧重幽默风格，一条侧重知识干货，通过观察两条内容的数据表现，来判断哪种形式更受欢迎。A/B 测试不仅适用于内容，也适用于标题、封面图、发布时间等细节，通过持续测试可以优化各个方面的表现。

数据驱动优化的最终目标是让内容与用户需求更加贴合。通过数据反馈，可以了解用户什么时候活跃、喜欢哪些主题，从而不断调整运营策略，提升内容的触达率和用户满意度。

1.2.4 情感互动

在新媒体时代，情感互动是一种非常有效的用户维系手段。简单的点赞和回复不能满足用户对互动的需求，特别是粉丝对主播或内容创作者产生情感共鸣时，期望得到更真诚和有温度的互动。因此，情感互动的目的在于拉近与粉丝的距离，让他们不仅是内容的接收者，更是内容的参与者和见证者。

情感互动的基础是及时回应粉丝的留言和私信。很多粉丝在评论区表达自己的观点或提出问题时，若能得到创作者的回复，会感到自己被重视，从而产生归属感和认同感。对于一些小众领域的账号，粉丝数量相对较少，可以充分利用这一点建立更紧密的互动关系。另一种情感互动方式是通过活动增强参与感。比如设置小奖品或互动话题，鼓励粉丝在评论区留言或转发。互动话题可以围绕粉丝的兴趣展开，创造一个交流的平台，让粉丝在其中找到乐趣和认同感。比如一个旅游博主可以定期发起"最想去的地方"互动，让粉丝分享自己的旅游梦想，既能增加评论量，又能提升粉丝的参与感。

粉丝的昵称，逐一回应，这种方式让粉丝感觉到与主播的联系更为亲密。此外，还可以通过直播间的互动游戏（如抽奖、互动问答）增强粉丝的参与感。情感互动的最终目的是让粉丝成为账号的"朋友"，这种互动不仅能够提升粉丝忠诚度，还能带动粉丝自发地帮助账号推广。用户感受到与账号之间的情感连接后，往往更愿意主动分享内容，为账号带来更多流量。

1.2.5 跨平台联动

跨平台联动是新媒体运营中实现流量最大化的有效策略。由于不同平台的用户群体、使用场景和互动方式各有不同，适当进行跨平台联动，可以让内容在多个平台上发挥其优势，获得更大的曝光量和关注度。

跨平台联动的前提是要了解各个平台的特性。比如，抖音和快手更适合短视频，用户的刷屏频率高、互动性强，适合做创意视频和轻松娱乐内容；而微信公众号更适合长文推送和深度内容，适合讲述品牌故事或深入分析产品价值；微博则可以通过话题和热搜提升内容的曝光率。基于各个平台的不同特性，可以针对不同的内容类型，选择最合适的平台进行发布。

在进行跨平台联动时，还可以考虑内容的适配和二次加工。比如，可以先在抖音发布一个创意短视频，积累了一定的用户反馈和互动之后，再将视频中的精华内容通过长图文的方式整理成文章，发布到微信公众号上，从而为内容注入新的价值。在视频平台上获得的用户评论和反馈也可以成为微信公众号内容创作的灵感来源，丰富内容的多样性。

跨平台联动的一个重要方法是利用平台间的导流功能。比如，可以在抖音的个人主页中嵌入微信公众号的二维码，引导用户关注公众号获取更多资讯；在微博上发布内容时，附上短视频或公众号文章链接，吸引微博粉丝去其他平台查看详细内容。通过平台间的互相导流，可以提升粉丝的黏性，让他们成为多平台的"忠实粉丝"。

跨平台联动的核心是建立一个统一的品牌形象。无论在哪个平台上，内容的风格和调性应保持一致，这样粉丝才能识别并记住品牌。

第 2 章
AI

2.1 AI 的前世今生：从梦想到现实

　　AI 技术方面的发展，对传统的行业产生了冲击，随之而来就是各行业的变革，也因此诞生了一些新的行业。

　　AI 可以理解为一种让机器显示出类似于人类智能的技术。这也就意味着机器能够执行诸如理解语言、识别图片、解决问题和学习新技能等任务，就像人类一样。从历史上来看，人类对于制造能像人一样思考和行动的机器始终抱有浓厚的兴趣。比如说古希腊的神话中就有铜制的巨人塔罗斯，它能自主行动保护克里特岛；文艺复兴时期的达·芬奇则设计了一个机械骑士，能进行简单的人类动作。

　　如今的 AI 技术是多学科交叉的成果，涵盖了计算机科学、认知科学（研究思维和智能的科学）、心理学、生物学等领域。这些学科的合作目的就是让机器能够更好地模拟人类大脑的工作方式，从而来执行复杂的任务。AI 的应用已经非常广泛，从我们手机中的语音助手，到在线客服聊天机器人，再到能在街上自主驾驶的汽车，这些都是 AI 技术的实际应用例子。这些技术背后的原理包括图像和语音识别，自然语言处理（让计算机理解和生成人类语言的技术），以及机器学习（一种让机器通过经验改进其性能的方法）等。

　　AI 简单来说，就是让机器或者电脑程序一样，给它们赋予人的"思想"，让它们能像人一样思考和解决问题。

　　AI 的阶段主要可以从以下几点来理解。

2.1.1 AI 的萌芽（20 世纪 40 年代至 20 世纪 60 年代）

AI 的起源可以追溯到 20 世纪中期，当时计算机科学家们已经开始探索机器是否能表现出与人类相似的智能了。

1950 年，英国的数学家和计算机科学家阿兰·图灵（Alan Turing）提出了著名的"图灵测试"，图灵测试主要讲的是，如果一台机器可以在对话的过程中让人类没有办法区分它到底是机器还是人类，那么这个机器可以说是有智能的。从图灵测试开始，AI 成为一个独立研究领域。

1956 年的夏日，麦卡锡、明斯基等科学家在美国的达特茅斯学院开会研讨"如何用机器来模拟人的智能"时，第一次提出"AI"的概念，这个阶段，标志着 AI 学科的诞生。

1959 年，第一台工业机器人出现。

1965 年，古德（I. J. Good）发表了一篇对 AI 未来可能对人类构成威胁的文章，他认为机器的超级智能和无法避免的智能爆炸最终将超出人类可控范畴。

1966 年，麻省理工学院的一位科学家 Joseph Weizenbaum 开发了一个名为 ELIZA 的计算机程序，这个程序可以让人类与计算机进行初步的自然语言对话。他在 ACM（美国计算机学会）上发表的文章详细介绍了 ELIZA 是如何工作的。ELIZA 通过一种看似简单但实际上颇具巧思的方法实现与人的对话。它首先识别用户输入的语句中的关键词，然后根据预设的规则对这些关键词进行分类和处理。接下来，根据这些关键词，ELIZA 会从它的数据库中找到合适的回复规则来组织语句，生成一个合适的回应。这种方式使得 ELIZA 虽然无法真正"理解"对话内容，但能够模拟一种对话的流程，使对话在一定程度上看起来像是与人交流。这个原理其实和我们在聊天时挑选对方话语中的关键信息，然后进行回应的方式有些类似（图 2-1）。

```vbnet
USER: HELLO, ELIZA.
ELIZA: HELLO! HOW CAN I ASSIST YOU TODAY?

USER: I FEEL A BIT DOWN.
ELIZA: WHY DO YOU FEEL UNHAPPY?

USER: I'VE BEEN UNDER A LOT OF WORK PRESSURE RECENTLY.
ELIZA: WHAT DO YOU THINK IS CAUSING YOUR WORK PRESSURE TO INCREASE?

USER: I DON'T KNOW HOW TO HANDLE MY WORK TASKS.
ELIZA: CAN YOU DESCRIBE YOUR WORK TASKS IN MORE DETAIL?

USER: I NEED TO COMPLETE A PROJECT, BUT THE PROGRESS IS SLOW.
ELIZA: WHAT DO YOU THINK IS HINDERING THE PROGRESS OF YOUR PROJECT?

USER: I'M NOT GOOD AT MANAGING MY TIME.
ELIZA: HAVE YOU TRIED ANY METHODS TO MANAGE YOUR TIME?

USER: I TRIED USING A PLANNER, BUT I STILL STRUGGLE.
ELIZA: HOW OFTEN DO YOU REVIEW AND UPDATE YOUR PLANNER?

USER: NOT VERY OFTEN. MAYBE THAT'S THE ISSUE.
ELIZA: IT COULD HELP TO REGULARLY UPDATE YOUR PLANNER. WHAT DO YOU THINK ABOUT SETTING ASIDE SOME TIME EACH DAY TO DO THIS?

USER: THAT SOUNDS LIKE A GOOD IDEA. I'LL TRY IT.
ELIZA: GREAT! DO YOU THINK THERE'S ANYTHING ELSE THAT MIGHT HELP WITH YOUR TIME MANAGEMENT?

USER: MAYBE, I COULD ALSO TRY BREAKING MY TASKS INTO SMALLER STEPS.
ELIZA: THAT'S A FANTASTIC STRATEGY. IT CAN MAKE LARGE TASKS FEEL MORE MANAGEABLE. HOW DO YOU PLAN TO IMPLEMENT THIS?
```

> USER: I WILL START BY OUTLINING THE STEPS FOR MY CURRENT PROJECT.
> ELIZA: SOUNDS LIKE A SOLID PLAN. HOW DO YOU FEEL ABOUT STARTING THIS NEW APPROACH?
>
> USER: I FEEL MORE OPTIMISTIC ABOUT MANAGING MY WORK NOW.
> ELIZA: I'M GLAD TO HEAR THAT. REMEMBER, SMALL STEPS CAN LEAD TO BIG CHANGES. DON'T HESITATE TO REACH OUT IF YOU NEED MORE SUPPORT.AMIT >
> THANKS FOR THE ADVICE. GOODBYE FOR NOW.
> ELIZA > GOODBYE, AMIT. REMEMBER, I'M HERE IF YOU NEED TO TALK AGAIN. DON'T HESITATE TO RECONNECT.

图 2-1 ELIZA 的聊天内容节选[①]

1967 年，Thomas 等人提出了 K 最近邻算法，这个算法的基本工作原理是这样的：当我们有一堆已经分类好的数据，也就是我们的训练数据集时，如果给我们一个新的数据点，我们要判断这个新数据点应该属于哪个类别，KNN 算法就会在这堆已知的数据中找出与新数据点最接近的 K 个数据点。这个"接近"是根据数据点之间的距离来定义的，距离越近表示它们越相似。找到这 K 个最近的数据点后，算法会看这些数据点大多数属于哪个类别，然后就把新数据点划分到这个类别中去。简单来说，就是"物以类聚"，新的数据点会被划分到它周围最多的那个类别中。

1968 年，爱德华·费根鲍姆（Edward Feigenbaum）提出首个专家系统 DENDRAL，这个系统叫作专家系统。专家系统是 AI 领域的一个重要分支，和自然语言理解、机器人学一起被视为 AI 研究的三个主要方向。简单来说，专家系统就像是一个模拟人类专家解决问题的电脑程序。它主要用来处理那些通常需要专家才能解释和解决的复杂问题，并且能得出类似于人类专家的结论。我们可以把专家系统想象成由两部分组成：一部分是"知识库"，它存储了大量专业知识和

[①] 仅展示 ELIZA 的聊天界面对话内容，不展示其具体的聊天界面。

信息；另一部分是"推理机"，它用来模拟专家的推理过程，分析问题并给出答案。这种系统通过整合这两部分，能够在特定领域内做出专业的判断和决策。

2.1.2 AI 的反思发展（20 世纪 70 年代）

AI 发展初期的进展提升了人们对 AI 的期望。从那时候开始，人们逐渐开始尝试更有挑战性的任务。但是由于计算机和理论等较为匮乏的实际情况，计划落空，AI 的发展渐入低谷。

在 20 世纪 70 年代，AI 领域取得了一些重要的进展，尽管这些成果在当时并没有被广泛关注。1974 年，哈佛大学的沃伯斯（Paul Werbos）在他的博士论文中首次提出了利用误差反向传播的方法来训练人工神经网络，这种方法后来成为深度学习的核心技术之一。

1975 年，马文·明斯基（Marvin Minsky）在论文中提出了一个用于 AI 的知识表示学习框架，这个框架为后来的 AI 研究提供了理论基础。1976 年，多个研究者在知识库和专家系统领域取得了进展。例如，兰德尔·戴维斯（Randall Davis）构建的面向对象模型提高了知识库的开发和维护效率；同年，斯坦福大学的肖特利夫（Edward H. Shortliffe）和团队开发了 MYCIN，这是一个能够诊断和治疗血液感染疾病的医疗专家系统；而勒纳特在斯坦福大学发表的研究则通过程序"AM"重新发现了数百个数学概念和定理。

到了 1977 年，海斯·罗思（Hayes Roth）等人在基于逻辑的机器学习系统上取得了进展，虽然这些系统只能学习单一概念，也并未广泛应用。1979 年，汉斯·贝利纳（Hans Berliner）的计算机程序在双陆棋游戏中战胜了世界冠军，这不仅是 AI 领域的一个标志性事件，也为后来基于行为的机器人学和强化学习的发展奠定了基础。

20 世纪 70 年代是 AI 领域重要的创新和发展时期，虽然在当时可能未引起足够重视，但它们为后来的技术突破和应用提供了基础。

2.1.3 AI 的应用发展（20 世纪 80 年代）

20 世纪 80 年代初，AI 的发展不仅在学术上取得了新进展，更重要的是，它开始在商业和工业中发挥实际作用，这些年的研究和应用为后续 AI 技术的蓬勃发展奠定了坚实的基础。

专家系统通过模拟人类专家的知识和经验来解决特定领域的复杂问题，这使得 AI 从单纯的理论研究逐渐转向具体实践应用。例如，卡耐基梅隆大学为 DEC 公司开发的 XCON 系统，就是一个专家系统，它成功地帮助公司每年节省高达四千万美元，展现了专家系统在商业领域的巨大潜力。同一时期，机器学习也在全球范围内兴起，1980 年在卡内基梅隆大学召开的第一届机器学习国际研讨会，标志着这一研究方向的全球关注。机器学习，尤其是通过神经网络模型，开始探索不同的学习策略和方法，逐渐复苏并在实际应用中展现出强大的能力。在这个时期，还涌现了一些具有里程碑意义的理论和模型。例如，1982 年，约翰·霍普菲尔德发明的霍普菲尔德网络，作为早期的递归神经网络（RNN）的雏形，对机器学习、模式识别等领域产生了深远影响。另外，马尔的《视觉计算理论》和霍普菲尔德网络的提出，都极大地推动了计算机视觉和认知科学的发展。

2.1.4 AI 的平稳发展（20 世纪 90 年代至 21 世纪 10 年代）

随着互联网技术的飞速发展，AI 领域也迎来了创新研究的新高峰，技术更加实用化，应用领域不断扩大。1995 年 Cortes 和 Vapnik 提出了支持向量机（Support Vector Machine, SVM），这是一种强大的学习方法，特别擅长处理小样本、非线性问题和高维数据的模式识别。同年，Freund 和 Schapire 发表了 AdaBoost 算法，这是一种通过串行组合多个弱学习器来提升分类性能的方法。与之相对的还有如随机森林那样通过并行组合弱学习器的 Bagging 技术，主要用于降低模型的方差，从而提升模型的稳定性。

1997 年 IBM 的深蓝超级计算机在国际象棋比赛中战胜了世界冠军卡斯帕罗夫，显示了基于暴力穷举搜索策略的 AI 在特定领域的超凡能力。

2005 年波士顿动力公司推出的四足机器狗展示了机器人技术在适应复杂地形方面的进步。

2006 年，深度学习概念的正式提出，由杰弗里·辛顿和他的学生鲁斯兰·萨拉赫丁诺夫引领，标志着 AI 进入一个新的发展阶段。这种学习技术的核心是通过模拟人脑来处理和分析大量数据，深度学习快速成为学术和工业界研究的热点。此后迁移学习也开始受到关注，这是一种能够将在一个领域学到的知识应用到另一个不同但相关领域的技术，进一步拓宽了机器学习的应用范围。

2.1.5　AI 的蓬勃发展
　　　（21 世纪 10 年代至 21 世纪 20 年代）

随着大数据、云计算、互联网以及物联网等信息技术的迅速发展，我们进入了一个信息技术爆炸的时代。这些技术为 AI 提供了海量的数据资源和强大的计算能力，尤其是 GPU（图形处理器）的广泛应用，极大地推动了深度神经网络等先进 AI 技术的快速发展。因此，AI 技术在图像分类、语音识别、知识问答、人机对弈以及无人驾驶等领域取得了显著的技术突破，我们见证了 AI 的一个又一个"奇迹时刻"。

2011 年，IBM 的 Watson 问答机器人在知名的电视问答比赛 Jeopardy 中获胜，这不仅展示了它强大的自然语言处理、知识表示、自动推理和机器学习能力，也向世界证明了 AI 在处理复杂问题和理解自然语言方面的巨大潜力。

2014 年，Goodfellow 和 Bengio 等人提出了生成对抗网络（GAN），这种网络通过让两个神经网络相互"对抗"来生成越来越逼真的图像和媒体内容，被誉为近年来 AI 领域最具创新性的发展之一。GAN 的出现不仅推动了 AI 在艺术创作、游戏开发、视频制作等领域的应用，也为未来的技术创新奠定了基础。

2.1.6　生成式 AI 爆发期
　　　（2022 年至今）

2022 年，OpenAI 推出了 ChatGPT，这个基于大规模语言模型的聊天机器人在理解和生成自然语言方面的能力令人惊叹，它的出现标志着 AI 技术在自然语言理解和交互方面的一个新高潮（图 2-2）。而后，国内诸如"文心一言""讯飞星火""通义千问"等等大模型相继出现。

2024年10月8日，诺贝尔物理学奖颁发给了约翰·霍普菲尔德（John J. Hopfield）和被誉为"AI教父"的图灵奖得主杰弗里·辛顿（Geoffrey E. Hinton）。他们因为在利用人工神经网络推动机器学习领域的基础性发现和创新而获此殊荣。

2025年，DeepSeek-R1、V3、Coder等系列模型，已陆续上线国家超算互联网平台。2025年2月5日，DeepSeek-R1、V3、Coder等系列模型，已陆续上线国家超算互联网平台。2月26日，DeepSeek宣布开源DeepGEMM，未来已来！

图2-2 OPenAI 的 ChatGPT 主页

2.2　AI 的应用场景

AI 正在加速各行业的创新步伐，从文本生成、图像创作到科研创新，AI 的应用范围不断拓展。在日常应用中，AI 已能辅助编程、提升会议效率、生成音乐和影像等，并在金融、游戏等专业领域展示出巨大的商业价值。未来，AI 将继续深度融入教育、医疗、制造等多个行业，推动更高质量的智能化发展。

2.2.1　文本生成

AI 在文本生成方面应用广泛，特别适用于自动生成自然语言文本。一个典型案例是 ChatGPT，这款由 OpenAI 开发的智能聊天机器人可以进行自然对话并完成文本生成、自动问答、内容摘要等任务，极大地提高了日常信息处理和自动化的效率。ChatGPT 不仅适用于个人用户的日常问答，还可以帮助企业生成内容并提供客户支持。另外，文心一言等 AI 工具也专注于商业文案的生成，已经在众多公司中应用，帮助企业在广告、营销等方面自动生成创意文本，提高效率。

2.2.2　图像生成

在图像生成领域，AI 技术也已得到广泛应用。Stability AI 推出的 Stable Diffusion 是一款开源图像生成模型，使用者可以通过输入简单的文字描述生成复杂的绘画作品。相比传统的图像设计过程，Stable Diffusion 大大降低了 AI 绘画的技术门槛，使普通用户也能轻松创作。该模型还提供了付费产品 DreamStudio，吸引了全球超过 100 万用户。图像生成技术在艺术创作、品牌设计等方面具有广泛应用前景，既提高了工作效率，也满足了个性化创作的需求。而后，如文心一格、通义万相等大模型也相继推出了类似的图像生成工具。

2.2.3 音视频创作与生成

生成式 AI 在音视频生成中展现出极大潜力。通过学习人类的音频特征，AI 可以生成自然、逼真的语音，适用于虚拟助手、语音翻译、语音播报等应用。此外，AI 在音乐创作方面的应用同样值得关注：AI 能够根据设定的风格和旋律生成音乐作品，为创作者提供灵感，简化创作过程。例如，广告音乐可以通过 AI 快速生成符合主题的旋律。这种技术大幅度降低了创作门槛，使创作者能在短时间内尝试多种音乐风格。

2.2.4 电影与游戏制作

在电影和游戏制作领域，生成式 AI 能够为开发人员提供更加灵活和高效的创作工具。AI 可以自动生成虚拟角色、场景和动画，帮助设计师快速建立充满想象力的视觉世界。2023 年，腾讯 AI Lab 在 GDC 大会上展示了一种 3D 虚拟场景自动生成方案，使得游戏开发者可以通过 AI 快速创建风格各异、接近真实的虚拟城市。这个系统能在 30 分钟内完成虚拟城市的路网布局，效率提高近 100 倍。此外，AI 技术还能自动生成建筑外观和室内结构，进一步提升场景设计的效率。

AI 在影视和游戏领域的应用，不仅降低了创作成本，还极大地丰富了作品内容和拓展了表现形式。

2.2.5 科研与创新

生成式 AI 技术在科研创新中发挥了重要作用。AI 可以帮助科学家在化学、生物学、物理学等学科中探索新的理论和实验方法。例如，在药物研发方面，AI 模型可以加速药物设计和测试过程，通过分析分子结构提出潜在有效的药物候选；在材料科学领域，生成式 AI 可以帮助研究人员找到新材料组合方案，加快技术突破进展。AI 技术在科研创新中的应用能够减少实验时间和资源浪费，为科技进步带来新的可能性。

2.2.6 代码生成

AI 在编程领域中的应用日益广泛，通过代码生成工具，开发者可以更高效地编写代码。GitHub Copilot 是 GitHub 与 OpenAI 合作推出的代码生成工具，能够根据编程语言和上下文提供代码补全和建议，支持 Python、JavaScript 等多种编程语言。另一个典型的代码生成工具是腾讯的 CODING Wise，支持代码补全、生成单元测试、代码纠错等功能，覆盖了代码编写、错误排查和代码评审等多个开发环节。

2.2.7 内容理解与分析

AI 在内容理解和分析方面的应用，可以显著提高信息处理效率。比如腾讯会议的 AI 助手，可以在会议期间理解用户指令并自动记录重要内容，生成会后摘要和分析报告，提升信息流转效率。同样，彭博社推出的 BloombergGPT 是一种专为金融行业定制的语言模型，能够根据市场数据和金融新闻生成分析报告、投资建议等。

2.2.8 AI 智能体（AI Agent）

AI 智能体是 AI 在未来应用中的重要方向。AI Agent 可以通过自主分析任务和规划执行方案，逐步演变为人类的"全能助手"。2023 年发布的 AutoGPT 是一个开源项目，用户只需设定目标，AI 便能自主分析需求并实施操作。AutoGPT 通过这种自我驱动模式，为用户提供了一个不需要人工干预的智能工作助手。而后各个大模型也推出自己的智能体应用，如文心一言智能体、通义千问的智能体应用等。未来，多 AI 智能体的协作还可能构建一个"虚拟智能社会"，通过 AI 彼此之间的交互，形成一个类似人类社会的虚拟环境。例如，斯坦福大学与谷歌合作的 Generative Agents 项目，成功构建了一个"虚拟小镇"，让智能体在其中活动并做出反应，探索出一种高度仿真的虚拟互动方式。AI 智能体的快速发展不仅提升了 AI 应用的自主性，还拓展了人与 AI 之间的互动模式。

▶ 第二编 ◀

运营推广实战编

在移动互联网的推动下,短视频和内容社区已成为品牌传播的核心渠道。抖音、快手、B 站、小红书等平台不仅拥有庞大的用户基础,还具备各自独特的内容生态和算法机制,成为品牌营销的重要阵地。然而,不同平台的用户偏好、互动模式和内容呈现方式各异,想要在这些平台上实现高效推广并不简单。

本编提供的策略与技巧,旨在帮助读者通过 AI 和数据分析实现精准投放、提升内容吸引力、激发用户互动,使品牌和个人账号在新媒体领域获得更广泛的关注和认可。

第 3 章
小红书运营推广

本章将带来小红书的独特运营攻略，涵盖从个人风格的打造到吸睛图文内容的生成，再到短视频制作与直播互动的全流程。AI 工具的应用让创意表达与流量变现变得更加简单高效。精彩的文案和标题能够吸引眼球，而图片生成与美化则赋予内容更强的视觉冲击力。通过深入解析平台的推广与运营技巧，可以打造高人气账号，使内容更加吸引目标受众，实现品牌影响力的有效提升。小红书主页面如图 3-1。

图 3-1 小红书主页

3.1 打造你的专属小红书风格

小红书自2013年成立，最初定位为专注于海外购物分享的社区平台，汇聚了大量的购物经验和心得。随着用户需求的增长，小红书逐渐从单一的社区平台转型升级，引入了电商业务，推出"福利社"，形成从内容到电商的商业闭环，实现了"种草"到"拔草"的全链条闭环生态，展现出惊人的流量和用户活跃度。平台创始人表示，随着小红书内容品类的不断扩充，用户不仅能在这里分享和获取信息，还能通过互动产生消费行为。一个用户的消费体验分享，能够在社区中引发互动，进而带动更多用户的"线下消费"。这些用户回到平台后，又会分享他们的消费体验，如此反复，逐步形成一个强大的内容和消费的正向循环生态系统。

在开展小红书的运营之前，就如同调研菜市场一样，我们要首先深入了解这个平台，需要清楚小红书平台的定位，考察这个平台上有哪些类型的账号，这些账号中，又有哪些受到平台的青睐和扶持，然后分析小红书的用户结构，比如用户的年龄、性别、职业以及兴趣偏好等内容。这些信息和属性会为运营的策略奠定基础。

从2014年开始，小红书的定位是逐步调整的，从最初的"找到国外的好东西"到中期"全世界的好东西"再到如今的"你的生活指南"，通过小红书的宣传语，可以看到小红书的定位的变化。从最初的海外购物推荐，到主打优质产品，再到当下强调社交互动，小红书逐步向"社交+买卖"的趋势靠拢，并可能更多地依托网红和大V分享生活内容。伴随定位演变，平台的内容类别也在扩展，如今主流的板块已经涵盖诸如鞋包潮玩、美容个护、美妆、穿衣打扮、美食、家居家装、教育、生活、运动健身、影视综艺、婚嫁、互联网、资讯、职场、科学科普、健康养生、情感、摄影摄像、萌宠、旅游出行、母婴育儿等各个板块。其实研究下小红书的定位,并不难看出小红书的发展正在逐渐拓宽不同生活状态和方式的边界,无论是衣食住行抑或吃喝玩乐等。打造专属的小红书风格需要从以下几方面来实现。

3.1.1 确定运营目标

首先要知道,运营小红书的目标是什么。一般情况下,小红书运营的最终目的就是"盈利",当然也会有一些用户仅仅是为了分享自己喜欢的事物,这类账号的运营,暂且不谈。我们只讲解大部分用户运营小红书账号的"盈利"目的。

那么为了实现盈利,首先要设定自己的目标,并考虑以下几点因素。小红书展现内容的形式,是图文还是视频?是需要真人出镜还是以拍摄场景为主?是以产品宣传为主还是以产品使用为主?是自拍还是专业团队拍摄?等等。在确定了内容形式之后,还要掌握自己的发布频率,周更、日更还是月更?之后就要考虑各个板块的内容了,如文案创作、图片创作、视频拍摄、剪辑、直播等。

3.1.2 确定目标受众

目标人群和用户在小红书的运营过程中是非常重要的,我们要明确要做的小红书账号的受众群体,应该选择一个最适合开展营销活动的客户群体,分析这个群体的总体特征,从而开展有针对性的活动。一般来说,客户的定位不仅决定了内容的制作方式、吸粉的手段、引流的效果、变现的效率等,同时对整个产品的布局有重大的影响。

在确定目标受众的过程中,有几个关键步骤可以帮助我们更精确地定位并有效地针对这些用户开展小红书营销活动。

数据收集与分析

利用小红书提供的用户数据分析工具,收集关于用户的基础数据,如年龄、性别、地理位置等。同时通过用户所产生的一些互动行为(如点赞、评论和转发)分析其兴趣点和行为习惯。这些数据可以帮助我们了解哪些内容能引起目标群体的兴趣和反响。

使用人群画像

根据收集到的数据,构建目标用户的详细人群画像,包括收集他们的生活方式、消费习惯、喜好的内容类型等。如果目标群体是都市年轻职场人,可能对时尚、职场发展、健康生活等主题更感兴趣。

细分市场

在有了全面的人群画像后,尝试进一步细分市场,找到其中的细分群体。这些细分群体可能对特定类型的产品或内容有更高的关注度。比如说,年轻母亲可能对儿童教育和营养产品更感兴趣。

竞争分析

研究竞争对手是如何定位他们的目标受众的,了解他们的成功案例和不足之处。这可以帮助我们更好地避免自己的错误,并可能揭示市场中未被充分满足的需求。

> **试验与调整**

通过发布不同类型的试验性内容，观察目标受众的反应，从而调整和优化你的目标人群定义。哪些内容得到了更多的互动和正面反馈，可以作为进一步研究和深入的基础。

通过上面的步骤，我们可以更精确地确定和理解目标受众，不仅有助于提高内容的相关性和吸引力，还可以提高营销活动的整体效果，最终实现更好的用户参与和产品销售，为制定有效的营销策略提供坚实的基础。

3.1.3 确定内容定位

无论是新媒体的哪种账号运营，一定要注意，不要将内容定位和账号定位弄混淆。账号定位的作用是确定营销的具体领域，而内容定位就是要根据客户的具体需求来定位账号的主题内容。

在确定内容的时候，不妨设身处地，将自己定位为客户，看看所定制的内容是否符合客户的具体需求。如果不符合，就要及时更换其他内容。

制定内容策略时，应深入分析目标受众的生活习惯和消费行为，确保所提供的内容能够触及他们的兴趣和需求。如果目标用户群体是关心健康和健身的年轻人，那么相关的健康食谱、运动指导视频或者压力管理的建议等内容将非常符合他们的需求。

内容的形式和呈现方式还应该与用户的消费习惯相匹配。年轻用户可能更偏好视觉冲击力强、易于消费的内容格式，如短视频和图文结合的帖子。对于技术性较强或需要详细解说的主题，可以采用直播或详细的教程文章来进行深入讲解，以提供更多价值。内容更新的频率和时间选择也应考虑用户活跃的时间段。通过数据分析工具可以了解到用户在小红书上的活跃时间，从而安排在这些高峰时段发布内容，以最大化触达和互动。

在内容创作过程中，还应不断收集反馈，并利用这些反馈进行内容的迭代和优化。如果某类内容的互动率低于预期，应该分析原因，可能是内容主题、风格或是表达方式未能精准对接用户需求，这时需要调整策略，尝试新的内容形式或主题。

内容定位的核心在于理解并满足目标受众的需求，通过持续优化内容策略和形式，保持内容的新鲜感和相关性，从而有效增强用户的参与度和忠诚度。这样的策略不仅能提升账号的吸引力和影响力，也能促进长期的品牌建设和用户基础的扩展。

3.1.4 了解具体机制

账号的定位做好之后，就要考虑进行一些准备工作了。如果是新的账号，那么就要进行养号。在此我们可以适当了解一下小红书平台的机制，其中两项机制分别是推荐机制和权重机制。

小红书的推荐机制是千人千面的，笔记发布之后，如果没有被收录进去，就没有办法进入推荐池，我们可以通过云搜索检测笔记是否已被平台收录。如果能在搜索结果中找到该笔记，说明它已经被收录；如果搜索不到，通常在20分钟内，我们会收到小红书发出的私信，通知笔记未被收录。一旦笔记被收录，它将被推送至一级流量池，初步获得大约200次曝光。根据笔记的点击率、点赞率、收藏量和评论量等性能数据的表现，若表现良好，笔记将进一步推荐至下一级流量池，获得大约3000次曝光。如果笔记在任何流量池的表现未达标，则推荐将会停止。

小红书在 2019 年 7 月重新上架后，提升了内容审核的严格度，并调整了对营销号的打压策略。账号的推荐流量池大小现在也依赖其权重，这个权重机制决定了笔记的可见度和推荐范围。

新注册的账号由于缺乏活跃历史，其权重相对较低，容易被判定为营销号。因此，对于新账号来说，适当的"养号"是必要的，随着账号的活跃时间增加，其权重也会提升。如果账号的个人资料、笔记内容或评论等存在违规情况，会导致权重下降，影响笔记的推荐和排名。账号的权重与注册时长、账号等级、粉丝数量、笔记数量、收藏量和点赞数等数据密切相关。数据表现越好，账号的权重也越高，相应的推荐量也会增加。某些特定账号，如明星号或达人号，由于被平台特别邀请或认可，享有更高的权重和关注度。了解并掌握小红书的权重机制对有效运营账号至关重要，这有助于制定更有效的内容策略和提高账号影响力。常言道，未雨绸缪，详细了解平台机制是成功运营的关键。

3.2 小红书内容创作指南

在小红书上成功运营一个账号，有高质量的内容创作是不可或缺的。

小红书的笔记一般有两种形式：图片+文字、视频+文字。具体采用什么样的形式，主要看自己的优势在哪儿，以及账号的定位是什么，在此不作具体分析。

3.2.1 爆款标题

小红书笔记的标题，最多显示两行，在大屏幕手机上，一行可以显示 10 个字，两行就是 20 个字。因此，笔记的标题最好控制在 18 个字以内。标题要吸引人，可以参考一些爆款的标题写作方式，其中大多会加入表情符号，但是需要注意的是，表情符号占 2 个字符。

下面我们将详细分析爆款的小红书笔记标题怎么写。

标题的内容

要确保你的笔记在小红书关键词广场中被展示，关键是要在标题中明确地包含关键词。这些关键词应紧密对应用户的需求，确保能够立即吸引他们的注意。如图 3-2，其中的一些热门标题中，有一些热门的关键词，如"小户型""亲眼所见""开心""断舍离""共享"等。另外，还可以在标题中加入具体的数字，让人的感觉更为直观，而且使用阿拉伯数字表示的效果比文字来得更好一些，更有视觉冲击力，在笔记中，关于时间、节点的内容均可以直接体现在标题上，比如说:"三分钟学会×××""30个让你快速瘦身的方法""3万元搞定全屋装修"等。

在制作标题时,运用具体问题解决方案的描述也是一种有效的策略。例如,将标题设计成解决特定问题的格式,如"如何在一周内提高记忆力"或"五步教你轻松打造秋季衣橱",这样不仅具体明确了笔记的内容和目标,也更加符合用户搜索解决问题时的心理。这种策略不仅提高了标题的吸引力,也增加了内容与用户需求之间的相关性,从而提升了用户的点击率和互动的可能性。确保标题中包含足够的信息量和诱惑力,可以显著增加笔记的曝光机会。记住,标题是传达笔记核心价值的桥梁,良好的标题策略能够使内容在众多笔记中脱颖而出,达到更好的推广效果。

图 3-2 小红书推荐"家居"页面标题节选

标题的撰写

对于爆款标题的撰写，我们可以在小红书的搜索页面，点击搜索，即可呈现出现阶段的"爆款"标题，也就是小红书的热点内容。然后根据提示的爆款标题，来选择相应的关键内容，如图 3-3。

猜你想搜	已隐藏
🔥 **小红书热点**	
1 小狗簪花 世世漂亮 [热]	805.7万
2 虞书欣 新中式甜妹 [热]	592.7万
3 真正感受到一个人带火一座城 [热]	567.8万
4 看到真的祁煜了	469.1万

图 3-3 小红书热点标题搜索

小红书的标题字数限制在 20 字以内，所以要求我们必须在规定的范围内突出重点，尽可能有趣或者吸引他人。根据不同的小红书文案的特点，有不同的撰写标题的方式，此处不一一列举，但是我们可以据此来提取一些爆款标题的万能公式。

● **比喻**

使用比喻可以帮助读者通过熟悉的事物理解不熟悉的概念，将产品的体验和其他具体事物进行比喻。例如，如果笔记内容是关于时间管理，标题可以是"时间管理秘籍：把每一天塑造成你的时间沙漏"。

● 联想

主要是描述使用产品或者服务之后的效果，通过联想可以引起读者的情感共鸣或者记忆，增加内容的吸引力。比如，讲述一种新的健康饮食的方式，可以用"绿色净化，从一杯蔬果汁开始"。

● 场景描述

具体描述一个场景可以立即抓住读者的注意力，并使他们能够在脑海中想象这一情景。例如，"晨曦中的瑜伽：在阳光下唤醒身心"。

● 解决问题

指出常见问题并提供解决方案的标题，能够直接吸引面临该问题的读者。例如，"告别失眠：三个步骤让你每晚睡得香"。

● Emjio 表情

Emoji 可以增加标题的视觉吸引力，使其更加生动、有趣。例如，"夏日减肥🏖️：5 个简单动作，燃烧全身脂肪"。

● 悬念

创建悬念可以激发读者的好奇心，促使他们点击了解全文。例如："她只改变了这一点，竟然……"

● 提问

通过提问形式的标题可以直接与读者对话，引起他们的思考和兴趣。例如："你真的知道如何正确使用面膜吗？"

● 具体数据

使用数据和统计可以增加内容的权威性和说服力。例如,"科学证明:每天走 7000 步,健康长寿不是梦"。

经过上面的分析,我们可以使用一个实例来具体展现 AI 如何辅助我们写出一个爆款的标题。以"健身"为例,提供示范。

首先,要撰写一个健身方面的笔记,对于标题的拟定,我们可以按照分析的步骤,让 AI 确定其撰写标题的要求。

问:

假设你是一位小红书的大 V,现在要撰写一个小红书笔记的标题,主题为"健身",要求如下。

标题不得超过 18 个字;标题中添加 Emjio 的表情;尽可能添加一些阿拉伯数字;采取提问的方式。请提供 20 个你认为爆款的标题。

答:

在撰写小红书关于"健身"主题的标题时,我们可以结合提问方式、数字,以及 Emoji 表情来增加标题的吸引力。以下是 20 个可能成为爆款的标题提案:

1. 你的早晨启动了吗?🌞 快速 10 分钟燃脂操!
2. 怎样健身最有效?🏋️‍♂️ 跟我做这 3 个动作!
3. 还在宅家吗?🏠 试试这 5 个居家健身小技巧!
4. 为什么你的肌肉不长?🤔 避开这 4 个错误!
5. 如何在 30 天内见效?📅 跟随我的健身计划!
6. 腹部赘肉怎么减?🔥 教你 3 招速效瘦身!
7. 想拥有马甲线?💪 做这 6 个核心训练动作!
8. 健身新手怎样开始?👟 分享 5 个实用小贴士!

> 9. 你的健身动力在哪里？☀️ 发现 5 种激励自己的方法！
> 10. 一周瘦几斤健康？🍏 揭秘合理的健身食谱！
> 11. 怎么做到边看剧边瘦身？📺 试试这 3 个沙发健身动作！
> 12. 想要翘臀不知从哪开始？🍑 掌握这 4 个关键训练！
> 13. 每天 10,000 步，够吗？🚶 揭秘步数与健康的真相！
> 14. 运动后应该吃什么？🍳 分享我的 5 款恢复餐点！
> 15. 年过三十，如何保持活力？🔋 分享 5 个青春健身秘诀！
> 16. 运动伤害怎么办？🚑 预防和应对的 4 个方法！
> 17. 如何选择合适的运动鞋？👟 看这里的 5 个购买技巧！
> 18. 运动后为什么更累？😴 了解 5 个恢复技巧！
> 19. 在家也能健身？🏠 试试这 7 个无器械训练动作！
> 20. 健身房里不可不知的 3 个礼仪！🤝 是哪些？
>
> 这些标题采用了直接的提问形式，结合了数字和 Emoji 表情，不仅可以提高点击率，还能吸引目标观众的注意力。

可以看到，AI 列出的标题基本符合要求。在日常的标题撰写过程中，如果能更详细、具体地列出我们的要求，那么 AI 所提供的标题无疑会更切合实际。

当然，我们也可以使用 AI 工具，对标题进行优化。

比如说，原标题为"初冬显瘦穿搭之图文版总结""办公室穿搭总结""奶油风装修方案""3 万搞定全屋定制"，这些标题相对而言比较普通，没有什么吸引力，我们可以将其给 AI，让它帮助我们优化。

问：

> 假设你是一位小红书大 V，现在要写几个笔记，标题如下：

"初冬显瘦穿搭之图文版总结""办公室穿搭总结""奶油风装修方案""3万搞定全屋定制"。请你结合相应爆款标题的方法,包括但不限于(略),将上述4个标题,分别优化出3个备选标题。

答:

以下是针对您提供的四个笔记主题优化出的各三个备选标题,这些标题结合了Emoji表情、数字和提问方式等策略,以增强其吸引力和点击率:

1. 初冬显瘦穿搭之图文版总结:

①初冬怎样穿搭显瘦?快看这里!

②5款初冬显瘦穿搭秘籍🧣快学起来!

③打造初冬完美时尚感🎩3步搞定!

2. 办公室穿搭总结:

①办公室穿搭指南👔3种风格速览

②职场穿搭5分钟 搞定📚每日必看

③一周办公室穿搭🏢怎么穿最有范?

3. 奶油风装修方案:

①3招打造温馨奶油风💡快来看!

②奶油风装修色彩搭配指南🎨一文掌握

③4个奶油风家居装修小技巧🏡必学!

4. 3万搞定全屋定制:

①3万全屋定制?🏠看这个方案!

②全屋定制省钱大法💰3万预算搞定

③花3万做全屋定制✨避免冤枉钱!

这些标题设计旨在提高用户的好奇心和参与感,通过问答式的形式,

> 引导用户点击和阅读，同时通过加入 Emoji 和数字增加视觉效果和信息的明确性。

爆款标题的核心在于能够迅速抓住读者的注意力，并激发他们的好奇心或情感。有效的爆款标题通常包括以下几个关键元素：简洁明了的语言、具体的数字或数据、直接的提问形式以及情感词汇或 Emoji 表情的巧妙使用。标题中的悬念和挑战性问题可以有效引发读者的思考，促使他们进行点击和进一步探索内容。在撰写时，还应考虑标题与内容的一致性，确保标题所承诺的与实际内容相符，从而增强读者的信任感和满意度。最终，一个优秀的标题应该能够在竞争激烈的信息流中突出显示，吸引目标受众的关注，并驱动他们进行互动。在使用 AI 辅助写爆款标题的时候，可以将上面的要求直接提供给 AI，让其帮助我们生成相关的爆款标题。

3.2.2 爆款笔记

爆款笔记的类型

在小红书的内容创作过程中，笔记的类型可以分为多种类型，这些类型在风格和重点上各有不同，主要有以下几类。

● **合集类**

合集类内容通常是作为产品使用者向特定群体推荐一系列相关的商品或工具。这种内容的撰写，关键在于不仅要分享每个产品的具体使用感受和效果，还要强调它们的独特优势和特色。通过详细描述你的真实体验，比如使用过程中的小技巧、产品带来的具体改变或是解决了哪些问题，可以让读者感受到内容的真实性和可信度。为了让读者更容易地找到和浏览这些产品，建议使用清晰的分类和标签，如"剪辑工具""内容运营助手"或"数据分析软件"。这样的安排不仅使内容条理更加清晰，也方便读者根据自己的需要快速找到最适合的产品。

● 评测类

当从正在使用或测试产品的角度进行评测时，关键在于深入探讨和分享关于产品的实用细节和体验感受。重点不仅是突出产品的优势，也要诚实地指出其缺陷，以提供一个全面的视角。细致描述在使用产品过程中的直观感受，例如操作是否便捷，功能是否符合实际需要，性能是否稳定，并探讨这些特性是如何影响日常生活或工作效率的。同时，将该产品与市场上其他类似选项进行比较，突出其独特之处和可能的竞争优势。这种对比需要保持公正和客观，确保所提供信息的准确性和相关性。通过这样详尽的分析，评测内容能够为读者提供有价值的见解，帮助他们在众多选项中，精准挑选出最适合自己需求的产品。

● 推荐类

推荐类型主要通过多种身份来分享，其重点是强调产品的优势和推荐的理由，主要的内容应该聚焦在产品的独特卖点和优势，同时结合实际的使用体验和个人建议来提升推荐的可信度，通过展示产品在实际的案例或者应用场景中的表现，可以具体说明产品的实用性和价值。分享的时候，要注意用生动具体的描述来描绘产品如何解决特定问题或提升生活品质，这样的好物推荐更能引起共鸣，让人感受到推荐背后的真诚和实际效益。

● 教程类

教程类是一种以实用性为主的内容形式,通常涉及妆容教程等,关注具体的步骤、方法、流程和产品使用。在撰写教程时,重要的是详细说明每一个操作步骤,清楚列出所需的工具或产品,确保读者能够轻松跟随教程完成相关任务。为了使教程更加直观易懂,推荐使用图文或视频结合的方式进行展示。比如在妆容教程中,可以通过视频演示每一个化妆步骤,同时附上文字说明和使用的产品详情,这样读者不仅能看到具体的操作过程,还能了解产品的选择和使用技巧。

● 问题解决类

问题解决类型的文案,一般会提出一个普遍存在的痛点,这种痛点通常是许多用户都能感同身受的问题,从而引发广泛的共鸣。接下来,内容会详细分析这个痛点背后的原因,深入探讨为什么这个问题会影响这么多人。然后,通过提供切实可行的解决方案来帮助读者解决问题。为了增强内容的说服力和实用性,可以引入一些真实的案例或用户的反馈来展示这个问题的普遍性和严重性,同时证明提供的解决方法确实有效。这种方式不仅能帮助用户克服难题,还能建立内容提供者的权威性和信任度,使内容更加贴近用户的实际需要,从而提高用户的满意度和互动率。

爆款笔记的撰写方法

写爆款笔记的关键方法包括以下几点:

深入浅出:确保内容深入探讨主题,同时采用简单易懂的表达方式,避免使用复杂的词汇或专业术语,使非专业用户也能轻松理解。

层次分明:合理划分段落和章节,确保文章的思路清晰,各部分之间具有明确的逻辑关系,帮助用户快速找到所需信息。

信息丰富：提供翔实的信息支撑文章内容，确保内容不仅具有深度，也有足够的广度，避免内容过于简单或表面。

获得感强：文章应强调实用性和提供独特观点，确保用户从中获得实际的帮助和新的启发。

话题钩子：在笔记末尾留下引人深思的问题或话题，鼓励读者参与讨论，增加互动性。

亮点前置：将文章中重要的信息或观点放在开头部分，确保一开始就吸引用户的注意力，激发他们继续阅读的兴趣。

因此，在撰写小红书爆款笔记的时候，可以使用 AI 来进行撰写，下面以亲子的相关笔记撰写作为示例。

首先，我们需要使用上一节的内容，为亲子笔记撰写一个文案，具体步骤略。假设使用 AI 生成的标题如下："学龄前教育：在家如何启蒙孩子 📖"。

我们先找到一些小红书中自己喜欢的高赞笔记，将其复制下来，让 AI 进行分析，分析其所用的语言风格和表达方式，如下。

问：

我将提供一篇高质量的小红书笔记文案范本，作为一位优秀的小红书大V，请你根据范本总结出优秀的小红书笔记文案的风格特点和表述方式。

"一些简单惊艳的句子11.18"

会好，迟早。

生命几许，遵从自己，别赶路，感受路。

去爱具体的生活。

拐个弯，与生活和解，得失都随意。

不要预知明天的烦恼。

要当永远和首选。

后来重闻往事如耳旁过风，不慌不忙。

人的悲欢并不相同 冷暖自知 各自安好。

请保持自己的心 因为总会有人等你共鸣。

生来普通，所以要逆风翻盘。

#文字语录#书摘#每日书摘#文学#书摘分享#今日文案#文案#语录#情感语录#惊艳到你的句子#暖心句子分享#可以写进作文里的神仙句子#朋友圈文案#文字语录#心情语录#正能量语录#人生感悟语录

随后，AI 会根据这个内容，生成一篇总结性的文章，如下。

答：

这篇小红书笔记文案范本展示了一些优秀的文案特点和表述方式，具体包括：

1. 情感共鸣：文案通过简短而深刻的句子触及读者的内心，如"生命几许，遵从自己，别赶路，感受路"。这些句子引发读者对生活、爱情和个人成长的深层次思考，与读者的情感经历产生共鸣。

2. 哲理性表达：文案中包含了许多哲理性的表述，如"人的悲欢并不相通，冷暖自知，各自安好"。这种表达方式能够引发读者对人生和人际关系的反思。

3. 鼓舞人心的语言：通过正能量的语言，文案鼓励读者面对生活中的挑战，如"生来普通，所以要逆风翻盘"。这样的话语不仅提供了动力，也增强了读者对文案的情感投入。

> 4. 简洁明了：文案使用了简单而直接的语言，避免复杂和冗长的句子，使得信息传达更为清晰，容易被大众理解和接受。
>
> 5. 使用标签连接主题：文案底部的多个标签如"文学 书摘分享 情感语录"等，有效地将内容与更广泛的主题和讨论连接起来，增加了文案的可搜索性和覆盖范围。
>
> 6. 美感和文艺气质：整体文案风格具有很强的文艺气质，每句话都像是精心雕琢的诗句，增强了文案的审美价值和吸引力。
>
> 通过这些风格特点和表述方式，文案能够有效地吸引目标读者，增强其在平台上的影响力和互动性。

之后，我们要给 AI 一个指令，让它将这个风格归纳总结为我们的一个专属的提示词，在后面再需要使用 AI 生成类似风格的笔记时，直接提示这个专属提示词即可让 AI "回想"起前面这个训练的过程。

> **问：**
>
> 请把上面的风格总结成为一个指令，名称为"爆款风格一"，后期，如果我需要让你用这种风格撰写笔记时，只需要提示"爆款风格一"，即可使用这个风格来撰写。
> 如果你清楚我的指令，请回复"我明白"。
> 如果你不清楚我的指令，请具体指出不明白之处。
>
> **答：**
>
> 我明白。

此时，AI 会清楚地理解我们的指令，在我们后期撰写指令时，可以让 AI，结合这个具体指令来撰写笔记。当然我们也可以将上文中分析的爆款笔记的撰写方法提供给 AI，让其记忆后，按照这种风格来撰写。

下面具体演示其过程。

问：

请你作为一位小红书大 V，使用"爆款风格一"，撰写笔记，标题为"学龄前教育：在家如何启蒙孩子 "。文中添加"爆款风格二"①的关键方法中的相关内容。

答：

学龄前教育：在家如何启蒙孩子

在这个快速变化的世界里，孩子的早期教育成了每位家长心中的一块磐石。如何在家有效启蒙，不仅是一种技巧，更是一种艺术。

从阅读开始，教育的大门悄然开启。选择适合孩子年龄的图画书，用生动的语言为他们讲述色彩斑斓的故事，这不仅能激发孩子的想象力，还能培养他们的语言能力。让孩子触摸书页，感受图画，逐渐引导他们识字，这是启蒙的第一步。

亲子互动，则是教育的延伸。通过简单的家庭游戏，如分类玩具、基础拼图等，不仅能让孩子在游戏中学习，还能加强亲子之间的情感联系。这些活动简单易行，却是认知能力初步建立的关键。

创造性活动，如手工制作、简易乐器演奏等，可以培养孩子的创造力和音乐感，同时也是他们自我表达的开始。每一件作品，都是孩子内心世界的映射，是他们独立思考的见证。

而当谈及道德教育，则需从日常生活中的小事做起，教会孩子基本的礼仪、分享以及感恩。这些看似微小的行为，实则是塑造孩子人格的基石。

---

① "爆款风格二"为本节写爆款笔记的关键方法总结出的相关内容，训练过程略。

> 当然，每个孩子的成长路径各不相同。作为家长，最关键的是观察和适应孩子的个性和兴趣，不断调整教育方法，确保它们适合孩子的发展阶段。
>
> 在这篇笔记的结尾，我想问所有的父母：在家庭教育中，你遇到了哪些挑战，又是如何应对这些挑战的呢？分享你的经验，让我们一起为孩子们打造一个更好的成长环境。

到此，我们可以了解如何使用 AI 来生成爆款的小红书笔记了。在撰写笔记的过程中，使用 AI，可能在小红书平台上脱颖而出，还有可能成为下一个具有影响力的人物。

3.2.3 配图生成

小红书平台的运营不仅包括笔记，还包括配图，配图对于吸引用户的眼球和增加用户的互动是非常重要的，然而，制作一个高质量、符合小红书的平台用户的审美要求的配图，却是一件非常不容易的事情。在图片生成的过程中，AI 也是可以提供一些助力的。AI 绘画工具现在有文心一格、通义万相、可灵等大模型。

图片生成

AI 图片生成主要分为两种方式，分别是文生图和图生图。下面将分别讲解。以"通义万相"为例，演示用其生成插图的方式。

打开通义万相主页，选择左侧工具栏中的"文字作画"，即可来到通义万相的生图页面，如图 3-4。

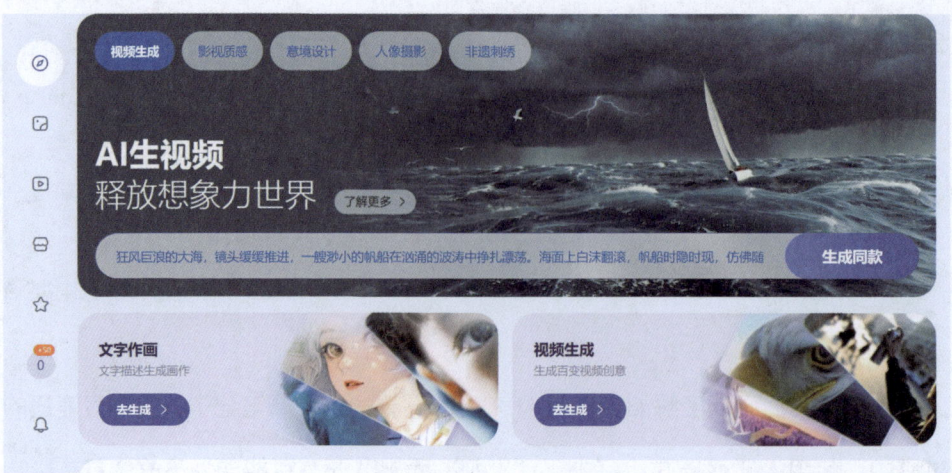

图 3-4 通义万相的主页面

通义万相的文生图和图生图均在"文字作画"的页面中集成，下文不再赘述。现阶段 1.0 版本支持文生图和图生图，2.0 版本仅支持文生图，因此下文中用 2.0 演示文生图，而图生图则使用 1.0 版本。

● **文生图**

文生图简单来说就是通过文字来生成图片，是 AI 绘画的主要方式之一。在实际应用中，可以使用一些关键词来表述图片生成的具体含义，让 AI 了解我们所要生成的图片的具体要求即可生图。

在通义万相的生图页面，选定"万相 2.0 极速"在下方输入框，输入相关文字，即可使用文生图功能，如图 3-5。

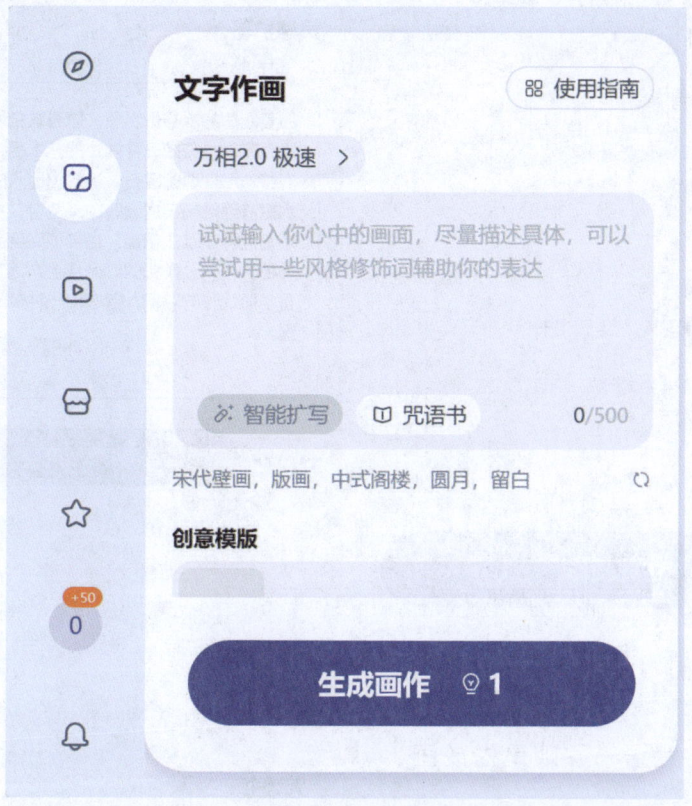

图 3-5 通义万相文生图页面

在此,AI 为我们提供了提示词润色功能。我们只需要输入生图的关键词,点击下方的智能扩写,再选定咒语书,即可让 AI 帮助我们优化"文生图"的相关提示词。以关键词"香水瓶"为示例,我们依次点击"智能扩写",如图 3-6。

可以看到 AI 帮助我们将提示词"香水瓶"扩写成了"晶莹剔透的水晶香水瓶,瓶身雕刻着细腻的巴洛克花纹,宛如一件精致的艺术品。瓶盖上镶嵌着一颗璀璨的宝石,折射出迷人的光芒。香水瓶静静地躺在绸缎般的黑色背景中,周围散落着几片淡雅的花瓣,仿佛能闻到那股清新而神秘的香气。柔和的灯光从上方洒下,勾勒出香水瓶优雅的轮廓,营造出一种梦幻般的氛围"。之后我们点击下方的按钮"使用扩写结果"即可。

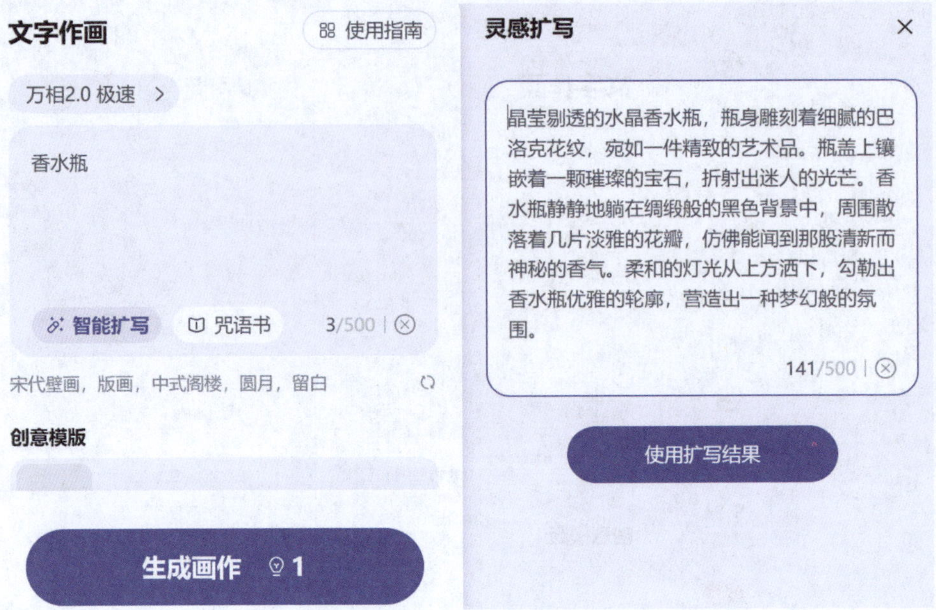

图 3-6 通义万相文生图提示词智能扩写

对于"咒语书"则是生成画作的风格选项，在此可以选择"风格""光线""材质""渲染""色彩""构图""视角""常用咒语"等各个选项，如图 3-7。需要注意的是，对于智能扩写和咒语书，在日常使用中，我们只需要选择一种即可。

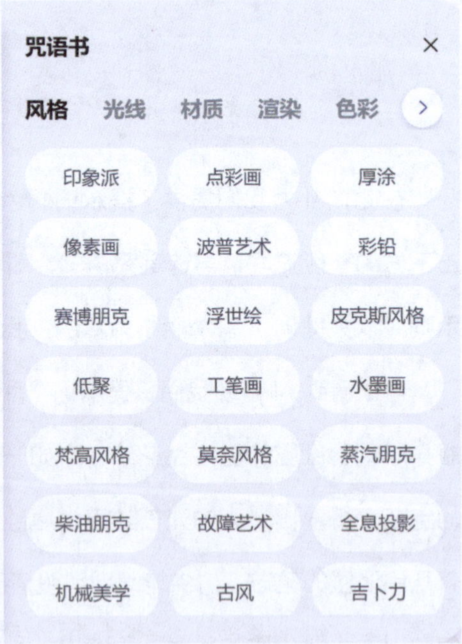

图 3-7 通义万相文生图咒语书

优化完提示词后，还可以选择创意模板，通义万相的创意模板大部分是适用于人物角色的，如"厚涂原画""黏土世界"等，因此在此处，我们不做选择。再选定图片比例，点击下方"生成画作"按钮即可。

等待片刻，在右侧展示区，即会展示其生图的进度，如图 3-8。

图 3-8 通义万相文生图进度

如图 3-9，通义万相提供了四张备选图片，我们可以根据需要从中选择适合我们的图片。如果对上面图片都不满意，调整提示词可以再次生成。

图 3-9 通义万相文生图成品图

- 图生图

图生图在小红书的配图方面也是非常常用的功能。其主要借助于深度学习网络以及大量的数据和多层特征提取的方式来实现。此处我们依旧使用"通义万相"来做演示。

在通义万相的"文字作画"页面，选定"万相1.0通用"，同样输入相关提示词，与之文生图不同的是，下方是可以选择的"参考图"，如图3-10。

图 3-10 通义万相图生图页面

点击或拖动即可上传图片，以前面文生图所生成的画作为例，提示词不变，如图 3-11，可以看到，上传参考图之后，可以在下方选择参考图的内容和风格。选定"内容"，点击下方的"生成画作"按钮。

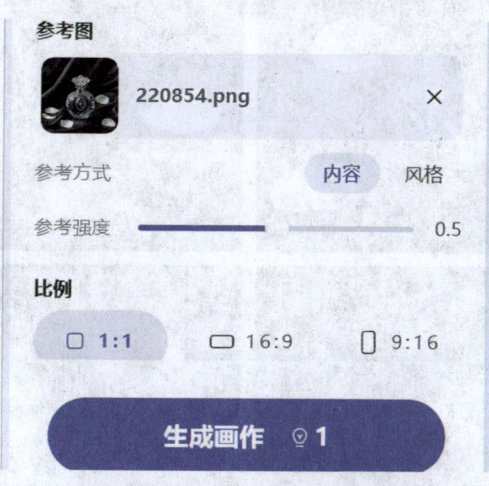

图 3-11 通义万相图生图页面

等待片刻，在右侧展示区，即会展示其生图的进度，如图 3-12。

图 3-12 通义万相图生图等待页面

之后，通义万相即可生成四张和我们上传参考图内容相近的图片，如图 3-13。

同样，如果我们对生成的画作不满意，可以再次生图直至满意为止。

图 3-13 通义万相图生图成品图

可以看出，上面的四张图片是在我们所提供的参考图的基础上进行适当的修改的。因此，针对文生图和图生图，我们在小红书内容配图生成上，可以结合实际情况进行选择。

图片编辑和美化

在小红书的内容运营上，经常会有一些对于图片的编辑和美化的需求，比如去除水印、高清修复、抠图等。AI 图片生成工具，对这方面的功能支持程度也是非常高的，下面将使用前面所生成的香水瓶的图片作为参考图，使用"文心一格"中的"AI 编辑"进行演示。

如图 3-14，在文心一格的主页面点击"AI 编辑"即可来到图片编辑美化页面。

图 3-14 文心一格 AI 编辑页面

● **图片扩展**

图片扩展就是对原有的图像进行画面的扩展延伸，我们可以明确具体的方向进行扩展，本功能也支持对图像进行连续的扩展和生成。点击右侧的"上传图片"，上传待扩展的图片，在左侧选择扩展方向和生成数量，即可生图，仍以上文的香水瓶图片为例，如图 3-15，上传图片点击确认即可。

图 3-15 文心一格 AI 编辑中图片扩展

随机即可通过 AI 生图，如图 3-16，可以看到文心一格帮助我们将图片的四周进行扩展。

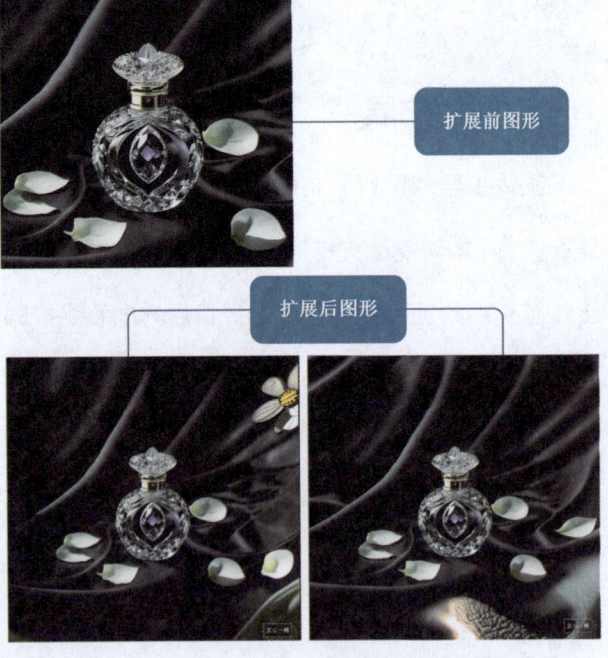

图 3-16 文心一格图片扩展的对比图

需要注意的是，这个功能目前下载图片需要开通文心一格的会员，因此我们下载的图片是有水印的。开通会员后水印会消失。下面功能演示也同此功能。

● **图片变高清**

在日常小红书运营中经常会有图片清晰度不够的场景，此时，我们需要使用图片变高清的功能。仍以上文的香水瓶为例，在左侧的工具栏中选择"图片变高清"功能后，上传图片点击确认即可，如图3-17。

图 3-17 文心一格图片变高清功能

上传图片之后，点击左侧立即生成即可，上面有几种不同的选择，为"高清""超高清""自定义"，可以选择不同的分辨率，根据需求来选择即可。如图 3-18。

图 3-18 文心一格图片变高清选项

由于图片高清修复后，和原图在书中的比对不明显，因此此处不呈现对比图。实际操作中，可以在电脑屏幕上看到明显差距。

● **涂抹修图**

在小红书的实际运营中，一般使用场景是对图片中的某个地方做消除。这个功能和下面的"智能抠图"基本一致，所以在此只做一个功能的演示。以上文香水瓶为例，去掉上面的花瓣，如图3-19，选定相应功能。

图 3-19 文心一格涂抹消除功能

上传图片后，点击确定即可。如图3-20，用鼠标涂抹图片上的花瓣。

图 3-20 文心一格涂抹消除操作

之后点击左侧"立即生成"按钮即可。如图 3-21，可以看到文心一格对我们所涂抹的部分进行了重绘，可以结合实际，多次操作即可满足我们的需求。

图 3-21 文心一格涂抹消除成品图

在小红书的内容运营中，AI 工具在图片编辑和美化方面发挥了重要作用，能够满足如去水印、高清修复、抠图等常见需求。这些 AI 图片生成和编辑工具支持度高、操作便捷，可以有效提高图片质量，增强视觉吸引力。例如，通过"文心一格"的"AI 编辑"功能，可以快速对香水瓶图片进行优化处理，提升内容的专业性和吸引力，从而为小红书的用户带来更优质的视觉体验。

3.3 小红书账号涨粉

对于小红书的运营而言，仅仅有优质内容还是远远不够的，除此之外，还需要有一定数量的粉丝作为支撑。因为最终运营小红书的目的，是要吸引更多的关注和流量，从而实现商业化或者个人品牌的提升。在小红书上增加粉丝数量，可以通过多种方式来实现。

3.3.1 涨粉逻辑探秘

对于运营小红书，一个账号的粉丝数量多少也就决定了其运营的成果，所以对于小红书平台的运营，他们都想快速实现"涨粉"。也因此有了上一章中所讲的"爆款"，他们希望自己的内容笔记，都能成为"爆款"，只有成为"爆款"，它所得到的流量和曝光量才会更多，最终实现曝光量大。看的人多了，然后粉丝就有可能增加，粉丝增加了，曝光量才会良性循环。

但是如何实现快速涨粉呢，AI 时代又能给予运营者何种帮助呢？要想解决这个问题，首先我们需要了解小红书账号的涨粉步骤。

小红书的涨粉的步骤，要和小红书的平台推荐机制相联系。其步骤如下：

在小红书上快速增加粉丝，其实就像一条完整的链条，每一步都环环相扣。我们首先需要用心创作出高质量的笔记，这些内容要有吸引力、有价值，能够引起用户的兴趣。当我们把这些优质的笔记发布到平台上，平台的推荐机制就会开始发挥作用，把我们的内容推送给更多的用户。这意味着笔记会被更多人看到，曝光度自然提升。

当更多用户看到我们的笔记后，他们可能会因为内容的吸引力而进行点赞、评论或者收藏。这些互动不仅增加了笔记的热度，还进一步提高了它在平台上的推荐优先级。随着笔记被更多人浏览和互动，更多的用户会有机会看到我们的账号。当他们发现我们的内容符合他们的兴趣或需求时，就更有可能选择关注，成为我们的粉丝。这个过程就像一个转化漏斗，曝光量越大，被用户认可和关注的机会也就越多。因此，要快速涨粉，关键在于不断增加笔记的被看到次数，同时确保内容的质量足够高，让用户愿意与我们互动并关注我们。通过持续发布优质内容，积极与用户互动，并利用平台的推荐机制，我们的粉丝数量就能迅速增长，形成一个良性循环，帮助我们的账号在小红书上迅速崭露头角。

3.3.2 涨粉技巧

随着小红书平台的发展，众多的个人和品牌商都将目光瞄准了小红书，他们都想通过小红书平台来赚取收益。对于运营者来说，所做的账号可能在某些同品类中会越来越多，那么这时候，即便笔记内容优质，可能也涨不了几个粉丝。

那么运营小红书的过程中，除了优质内容外，还需要具备什么样的能力呢？运营者需要具备将这些优质的内容输送出去的能力，当优质的内容被粉丝看到，粉丝的数量才能增加，从而达到涨粉的目的。

抓住"黄金时间"

小红书的定位是一款偏向休闲娱乐的社交软件，大家大都利用闲暇时间来浏览小红书，因此平台会将优质内容，在这一段时间进行推送。这个时候，还要注意一个点位，就是笔记发布之后不是马上投入信息流进行推送，而是要经过 30 分钟到 1 小时的时间进行审核。

那么针对不同种类的笔记，我们的投放时间是否是不一样的呢？答案是肯定的，我们可以使用 AI 分析每种笔记的具体投放时间，如下。

> **问：**
>
> 假设你是一位小红书运营者，请你分析出关于护肤相关笔记的用户浏览时间。
>
> **答：**
>
> 在小红书上进行护肤笔记的用户浏览时间分析，主要依据是用户活跃的时间段。通常，这样的分析会基于已有的用户行为数据，包括笔记发布时间、浏览量、互动量（如点赞、评论和分享）等。以下是基于护肤类内容的一般用户行为趋势进行的假设分析：
>
> 1. 早晨时间（7:00—9:00）：
> 用户可能在起床后查看手机，寻找护肤早晨例行公事的灵感和建议。这个时间段可以推送日间护肤技巧或抗氧化保护类的产品信息。
>
> 2. 中午时间（12:00—14:00）：
> 午休时间，用户有更多的空闲时间浏览护肤笔记，尤其是工作日。可以推送有关快速补妆或中午护肤保养的内容。
>
> 3. 傍晚时间（17:00—19:00）：
> 下班或放学后的放松时间，用户可能寻找卸妆和晚间护肤程序的相关笔记。推送关于深层清洁和夜间护理的内容可能会获得更高的用户关注。

> 4. 晚上时间（21:00—23:00）：
>
> 这是用户最活跃的时间段之一，很多人会在睡前使用手机。这个时间段适合推送关于睡眠面膜、夜间特别护理的笔记。

根据 AI 的测算，我们可以将投放笔记的时间放到上述时间段的前半小时到 1 小时内，这样等笔记审核通过之后，将会在护肤类的笔记浏览量最大的时间正式推送，正好与目标用户的阅读习惯相契合，这样做笔记的转化率也会更高一些。

学会"蹭"热点

相信对于每个小红书的运营者来说，"流量"这个词语都不会陌生。流量是运营的前提，内容再好，没有流量的支撑就无法被曝光，想要进一步发展几乎也是不可能的事情。

为了获得更多的流量，"蹭"热点也是大多数运营者所必备的技能。但是传统"蹭"热点的方式，有很大一部分都很牵强，并不能真正引起用户的兴趣和互动。小红书的运营者要想最大化地发挥"蹭"热点的效果，就要知道如何找到热点，并合理运用热点。

热点来源其实非常简单，但很多运营者都是盲目跟风的状态，都是在凭借自己的感觉在操作。实际上，小红书上直接展示了其热点内容。如图 3-22，在小红书官网页面中，打开其搜索页面，即可看到其中的热点。

排名	热点	热度
1	柯南在王者里六分钟死七次	600万
2	电影好东西确实是好东西	431万
3	WTT福冈总决赛抽签结果	395.6万
4	虞书欣小熊手势舞	381.9万
5	厦门风筝节像天上飞了个动物园	378.6万
6	马拉松显眼包	348.8万
7	飞机上坐在了石宇奇旁边	332.4万
8	黄子弘凡对李昊充满了好奇	329万
9	社交自觉症	295.4万
10	北方的冰糖葫芦真是冰的	293.3万
11	偶遇野生卡皮巴拉小宝宝	283.8万
12	把奶牛猫养成奶牛狗了	279.4万
13	在环球影城看到小时候的哈利	270.5万
14	哈尔滨的拖拉机一年四季不闲着	268.2万
15	用狗尾巴草做爆米花	262.4万
16	丁禹兮 脸带眼式表演	261.4万

图 3-22 小红书热门搜索界面[①]

[①] 注：热点是实时更新的。因此，图中展现的是某个时间段的热点，至于其他时刻，必然会有不同热点，请知悉。

这些话题都是实时更新的,运营者可以将其中和自己有关的话题作为热点,围绕这个热点发布作品。比如,以"社交自觉症"为主要热点,让 AI 帮助我们生成一个小红书笔记。

问:

假设你是一位小红书的运营者,请你以"社交自觉症"为热点,写一篇小红书的笔记。

答:

小红书笔记标题:揭开社交自觉症的面纱:不再让内心的不安定义我们的社交生活

在这个快速变化的社会中,我们每个人或多或少都会体验到所谓的"社交自觉症"。这种感觉就像是,每当我们走进一个社交场合,内心就会有一个声音在不断地告诉我们,"你看起来很尴尬""别人一定在评价你",让我们在朋友聚会、工作会议甚至是在线社交中感到焦虑和不自在。

什么是社交自觉症?

社交自觉症,或者说社交焦虑,是指一个人在社交场合过度关注自身表现及可能受到的负面评价,进而引发焦虑和恐惧的心理状态。这不仅仅是羞涩或害羞,它可能严重到干扰日常生活和人际关系。

社交自觉症的常见表现

过度自我批评:总是批判自己的行为或者外貌,担心自己给别人留下不好的印象。

逃避社交活动:因为害怕在人前出错或者被评价,故意回避聚会、会议等社交场合。

心理不适:在社交场合中感到心跳加速、出汗、颤抖甚至恐慌。

如何应对社交自觉症?

1. 意识到并接受自己的感受:认识到自己的焦虑是正常的,接受而不是抗拒这种感觉。

2. 小步前进：可以从参加小规模的或熟悉人的聚会开始，逐步增加社交场合的复杂度和人数。

3. 积极心理暗示：在参加社交活动前，给自己一些正面的心理暗示，比如"我可以自然地表达自己""我值得别人的尊重和喜爱"。

4. 寻求专业帮助：当自己难以独自应对时，不妨寻求心理咨询师的帮助，进行专业的心理治疗或咨询。

扩展：社交自觉症的影响及管理策略

社交自觉症不仅限制了我们的社交能力，还可能导致更广泛的心理问题，如抑郁、焦虑症等。它剥夺了我们与他人建立真实联系的能力，影响生活质量和工作效率。因此，管理社交自觉症不仅是为了改善社交场合中的表现，更是为了我们的整体幸福感和心理健康。

建立正向社交网络：寻找支持性强的社交环境，与理解并鼓励你的人建立联系。

练习自我表达：通过参加公共演讲、戏剧活动或加入讨论小组等，提升自己的表达能力和自信心。

记录和反思：通过写日记或心理日记，记录每次社交活动后的感受和进步，有助于自我肯定和调整策略。

社交不应成为我们生活中的负担，它本可以是连接彼此的桥梁。当我们理解并面对社交自觉症时，我们将更自信地步入每一个人际场合，享受生活带来的每一份喜悦。让我们一起学习如何释放社交的压力，用更健康的心态迎接每一次的人际互动！

社交焦虑 心理健康 自我成长 人际互动

希望这篇小红书笔记能帮到正在经历社交自觉症的你，让我们一起在评论区交流吧！你有没有什么好方法来应对社交焦虑呢？分享出来，让更多人受益！

当然也可以让 AI 结合我们小红书的定位，来尝试结合热点进行写作，在此不做演示。

给出作品发布策略

小红书运营者，会对自己的小红书笔记的各种数据进行分析，进而优化我们的小红书账号定位。AI 可以帮我们做好这个分析。

首先，假设我们的账号有 10 篇笔记的模拟数据如下，这些数据反映了不同类型和内容的笔记可能吸引的阅读量。

> 1. 标题："最新秋季穿搭指南"。
>
> 阅读量：4500
>
> 点赞数：320
>
> 评论数：48
>
> 2. 标题："家常菜做法分享"。
>
> 阅读量：2700
>
> 点赞数：190
>
> 评论数：22
>
> 3. 标题："我在北京的一天"。
>
> 阅读量：3900
>
> 点赞数：265
>
> 评论数：37
>
> 4. 标题："如何打造高效的家庭健身房"。
>
> 阅读量：5300
>
> 点赞数：450
>
> 评论数：86
>
> 5. 标题："节日礼物推荐清单"。
>
> 阅读量：1200
>
> 点赞数：85
>
> 评论数：12

6. 标题:"手工艺制作教程"。

   阅读量:2300

   点赞数:155

   评论数:21

7. 标题:"全球旅行必去的10个地方"。

   阅读量:6100

   点赞数:520

   评论数:112

8. 标题:"专业摄影技巧入门"。

   阅读量:4800

   点赞数:388

   评论数:44

9. 标题:"宠物狗的日常护理"。

   阅读量:1500

   点赞数:118

   评论数:19

10. 标题:"书籍推荐:本月的好书"。

    阅读量:3100

    点赞数:240

    评论数:33

这些数据为您的频道内容规划提供参考,您可以根据这些模拟数据调整笔记的主题和发布策略,以优化阅读者的参与度。

然后我们可以根据上面的数据,让AI根据上面的阅读数据,对小红书的运营进行内容策略调整和优化。

问：

请你以小红书运营者的身份，对上面的数据进行分析，并对小红书账号运营出谋划策。

答：

根据您提供的小红书笔记阅读数据分析，我们可以从几个角度进行内容策略调整和优化：

1. 热门主题分析：

高关注度主题：从阅读量和点赞数来看，"全球旅行必去的10个地方"和"如何打造高效的家庭健身房"这两篇笔记表现突出。这表明用户对旅行和居家健身相关内容感兴趣度高。

专业技巧内容："专业摄影技巧入门"也有不错的表现，说明具有教育性质的内容也是用户关注的焦点。

2. 低表现内容分析：

节日礼物推荐清单和宠物狗的日常护理的表现较弱，可能是因为这类内容的市场竞争较大或者内容的吸引力不足。

3. 策略建议：

增强热门主题内容：可以考虑增加关于旅行和健康生活方式的内容，比如"环球美食探索"或"居家运动设备选择指南"，以此吸引更多类似的读者。

提高内容深度与专业性：例如，在摄影技巧上可以细化为"手机摄影技巧""夜景摄影教程"等，以吸引特定的摄影爱好者。

改进低表现内容：针对表现不佳的内容，尝试更换内容角度或提高内容质量。例如，节日礼物可以更具体化，比如"情侣节日礼物DIY"，以提高用户的个人参与感。

4. 互动与用户参与：

增加互动性：鼓励用户在评论区分享自己的经验或提问，如在旅行笔记中加入"你的梦想旅行目的地是哪里？"等互动话题。

> 定期互动活动：举办如摄影比赛或者旅行故事分享等活动，提升用户参与度和内容的分享性。
>
> 5. 跨平台推广：
>
> 利用其他社交媒体平台推广高表现内容，比如通过微博或者微信公众号分享旅行和健身相关的深度文章，吸引更多流量。

通过这样的策略调整，我们的小红书频道可以更有效地吸引和维持用户兴趣，同时增加内容的覆盖面和互动性，提升整体表现。之后可以使用 AI 工具继续生成小红书账号的定位，并且撰写相应的笔记。

问：

请根据上面的分析过程，以小红书运营者的身份为我的小红书账号定位，并且撰写一篇符合定位的笔记。

答：

> 账号运营定位
>
> 您的小红书账号将专注于提供高质量的生活方式内容，以"全球旅行探索"和"居家生活提升"为核心主题，目标是成为用户信赖的生活方式改善指南和灵感来源。我们将通过以下方式实现这一定位：
>
> 1. 专注核心主题：深入探讨旅行和居家生活两大领域，提供实用的建议、深度的分析以及创新的灵感。
>
> 2. 增强互动性：鼓励用户分享自己的体验和建议，定期举办互动活动，比如"我的旅行故事"分享大赛，提升用户参与感和社区活跃度。
>
> 3. 持续优化内容：根据用户反馈和数据分析结果不断调整和优化内容策略，确保内容始终贴合用户需求和市场趋势。

笔记示例：《如何在家创造一个小型健身角落》

标题：🏆□♀居家健身改造计划：打造你的专属健身角落🏠

正文：

亲爱的小红书的朋友们，

在忙碌的日常中，找到时间去健身房练习可能很困难。但是，如果你能在家中创造一个专属的小型健身角落，那么保持健康和活力就简单多了。今天，我将分享几个简单的步骤，帮助你在家中轻松打造属于自己的健身空间！

1. 选择合适的空间：

找一个家里相对空旷的角落，可能是客厅的一角或者卧室的空地。重要的是选择一个你觉得舒适并且可以专心的地方。

2. 基本装备投资：

你不需要太多昂贵的器材，开始可以选择瑜伽垫、哑铃和跳绳。这些基本装备不仅价格合理，而且足够你完成大部分的家庭健身训练。

3. 创造氛围：

投入一些小装饰，如挂画，或者放置一些植物，可以让你的健身角落更加动人和激励。音乐也是不错的选择，它能帮助你在锻炼时保持良好的心情。

4. 定期更新你的训练计划：

随着身体适应现有训练，不断尝试新的训练方法和器材，这不仅可以避免训练停滞不前，还能保持训练的乐趣和新鲜感。

朋友们，开始行动吧！在评论区分享你的家庭健身角落，让我们一起看看你的创意和成果！

结束语：

希望这些小贴士能帮助你开始在家健身的旅程。记得，每一小步都是向着健康生活迈进。期待看到你们的健身空间和成果分享！

通过这样的内容,您的账号不仅能吸引关注健康生活的用户,还能激励他们在家创造自己的健身环境,增强与用户的连接和互动,最终实现涨粉的目的。

有效直播

随着互联网的发展,直播现阶段变成了一种趋势,不只在小红书,其他平台上也都积极布局直播的业务,对于小红书的直播,也是其账号运营的一部分。

对于一场有效的直播,首先要生成一些直播脚本。使用AI可以实现秒生成"脚本"。首先要明确直播的主题和内容,进而让AI更好地理解我们的需求,这时候,可以针对某些热点,让AI为我们生成一个有效直播的主题,以上文搜索出的热点"社交自觉症"为例。

> **问:**
>
> 请根据小红书的热点搜索"社交自觉症",来为我确定一个直播的主题和内容。
>
> **答:**
>
> 确定直播主题
>
> 针对小红书上的热点搜索"社交自觉症",我们可以设定直播的主题为"克服社交自觉症:轻松变身社交达人"。这个主题将关注如何理解和克服社交自觉症,帮助观众提升自信,并改善他们的社交技能。
>
> 直播内容规划
>
> 1. 开场的介绍:
>
> 介绍主持人和话题背景。
>
> 简要说明社交自觉症的常见表现和可能的影响。

2. 主体内容：

理解社交自觉症：

邀请心理专家讲解社交自觉症的定义及其心理成因。

分享真实案例，展示社交自觉症在日常生活中的具体表现。

专家建议：

专家分享克服社交自觉症的策略和方法。

提供实用技巧，如呼吸练习、正念冥想等，帮助缓解紧张和焦虑。

互动问答：

观众提问环节，专家现场解答关于社交自觉症的疑问。

观众分享自己的经历和经验，增加直播的互动性和共鸣。

3. 实操演练：

演示和指导观众进行一些简单的社交技巧练习。

鼓励观众在家也能练习这些技巧。

4. 结语和资源分享：

总结今天的学习要点。

提供进一步阅读和学习社交技能的资源链接，如相关书籍、在线课程等。

邀请观众关注账号，获取更多相关内容和更新。

直播呈现方式

使用轻松友好的语气，创造一个安全、无压力的交流环境。

确保内容具有实用性和教育性，同时具备一定的趣味性，以吸引更多的观众参与。

通过这样的直播主题和内容安排，可以有效吸引对社交自觉症有兴趣或需求的观众，帮助他们获得有价值的信息和解决策略，同时增加小红书账号的影响力和互动率。

之后，我们可以根据上面所确定的主题和内容，来为我们生成直播的脚本。

> **问：**
>
> 请根据上面小红书的直播主题和内容，为我生成直播的脚本。
>
> **答：**
>
> 小红书直播脚本：克服社交自觉症：轻松变身社交达人
>
> ……
>
> 开场白：
>
> ……
>
> 大家好，欢迎加入我们今天的直播！我是今天的主持人［主持人名字］。在我们的日常生活中，可能会有不少朋友感到在社交场合中特别紧张，甚至害怕与人交流，这种情况可能就是我们今天要讨论的社交自觉症。今天，我们特别邀请到了心理专家［专家名字］，来帮助我们了解并克服这种情况，让我们变得更加自信和从容。如果大家有任何问题，随时可以在直播评论区提出，我们会在问答环节为大家解答。那么，我们开始吧！
>
> ……
>
> 主体内容：
>
> 1. 理解社交自觉症：
>
> ……
>
> 首先，让我们听听［专家名字］是如何定义社交自觉症的，以及它是如何影响我们的日常生活的。
>
> ［切换到专家镜头］
>
> ［专家名字］：谢谢［主持人名字］。社交自觉症，简单来说，就是个体

在社交场合过分关注自己可能给他人的印象,担心自己的行为会被评价为负面,从而产生强烈的不安和焦虑感。这种症状可能会严重影响个体的社交活动和日常生活质量。

接下来,我们来看一段真实的案例视频,展示一位患者在社交场合的具体反应。

[播放案例视频]

……

2. 专家建议:

……

[视频结束,切回专家镜头]

非常感谢分享。[专家名字],面对这种情况,我们应该如何调整和克服呢?

[专家名字]:首先,重要的是要认识到这不仅仅是你一个人的问题,有很多人都会有这样的经历。我推荐几种方法可以帮助缓解这种情绪:

呼吸练习:当你感到紧张时,尝试深呼吸,帮助身体放松。

正念冥想:每天花几分钟时间进行冥想,提高自我意识和调节情绪的能力。

逐步面对:不要一次尝试过大的社交活动,可以从小规模、熟悉的人开始。

[主持人]:这些确实是非常实用的建议,希望大家能够尝试看看。

……

3. 互动问答:

……

[主持人]:现在我们来到互动问答环节。大家可以在评论区提问,[专家名字]将会一一为你们解答。

[读取观众问题并互动]

……

实操演练:

……

[主持人]:除了理论知识,我们还准备了一些简单的社交技巧演练,希望可以帮助大家在实际中运用。

> [演示社交技巧]
>
> ……
>
> 结束语：
>
> ……
>
> [主持人]：感谢[专家名字]今天的精彩分享，也感谢大家的积极参与。我们今天的直播到这里就要结束了。如果你想了解更多关于如何克服社交自觉症或其他心理健康问题的信息，请关注我们的小红书账号，我们将不定期更新更多有用的内容。祝大家今天愉快，再见！
>
> ……

这样的脚本设计能确保直播内容丰富而有组织，同时鼓励观众参与和互动，提升直播的效果和观众满意度。

3.4 小红书变现

我们运营小红书账号的最终目的是变现。在小红书运营推广的过程中,从内容创作到直接销售,每一步都是为了将流量转化为收入。

内容营销是基础,高质量和吸引人的内容能够吸引更多的用户关注和互动,这是建立品牌声誉和吸引潜在客户的关键。通过内容与用户建立起信任后,进一步的品牌合作便成为可能。创作者可以通过与品牌的直接合作,比如发布相关产品的试用体验和推广笔记,来获取赞助或推广费用。

随着账号影响力的增加,电商销售成为一种直接有效的变现方式。创作者可以推荐自己喜欢或常用的商品,并通过小红书的购物功能引导粉丝购买,从而获得销售提成。此外,随着直播带货的兴起,许多创作者也开始通过直播的方式展示产品并实时与粉丝互动,这种方式的直接性和互动性往往能有效推动销售,增加收益。

对于一些具备专业知识或独特技能的创作者,他们还可以通过创建和销售付费内容或课程来进一步提升收入。例如,一些健身教练或美妆专家会制作专门的教程视频或电子书,供粉丝付费获取。

3.4.1 内容营销

对于内容的营销,其实主要是通过官方的"带货试用"以及非官方的广告变现来进行的。通过撰写相关产品测评笔记,为某件商品带来一些使用体验,从而通过笔记的曝光量,加大对这个产品的广告力度。粉丝通过链接点击购买这个商品,品牌方以及官方会给予小红书账号所有者一定的"佣金"分成,最终达到变现的目的。

对于这种使用体验或者测评笔记,我们可以直接使用 AI,让其根据产品的特点,生成一份较完美的测评内容。

假设有如下化妆品,其产品特点如下。

> 产品名称:某某亮肤精华液
>
> 品牌:某某
>
> 产品功能:
>
> 某亮肤精华液专为提升肌肤透明感和光泽度设计。这款精华液的核心功能是深层滋养和提亮肤色,同时帮助减少细纹和皱纹,增强肌肤的天然屏障。
>
> 主要特点:
>
> 1. 高效保湿:富含玻尿酸和天然植物提取物,为肌肤深层补水,持久锁水,使肌肤全天候保持水润状态。
>
> 2. 肤色均匀:添加熊果苷和维生素C,有效淡化色斑和痘印,恢复肌肤自然光彩,提升肤色均匀度。
>
> 3. 抗老化功效:蕴含多肽和胶原蛋白复合物,帮助减少细纹和皱纹的出现,使肌肤看起来更加紧致和年轻。
>
> 4. 舒缓敏感:采用无香精、无色素的温和配方,适合敏感肌肤使用,减少刺激和红肿现象。
>
> 5. 快速吸收:质地轻薄,易于肌肤吸收,不留油腻感,适合各种肤质使用。

适用人群：

某亮肤精华液适合所有肤质使用，尤其适合有光泽需求、肤色不均、出现老化迹象的用户。不论男女，只要希望改善肌肤质感和提升肌肤健康的人群均可使用。

预期效果：

定期使用后，用户将观察到肌肤透明度和光泽度显著提升，肤色更加均匀，细纹和皱纹有所减少。肌肤整体更显年轻、健康和有活力。

使用方法：

每日早晚清洁面部后，取适量精华液点涂于额头、双颊、鼻子和下巴等部位，轻轻按摩至完全吸收。建议与同系列的日霜或晚霜搭配使用，以增强整体护肤效果。

之后可以使用AI，让其根据上面的商品特点生成一个小红书的产品测评笔记，如下。

问：

请根据上面某某化妆品的介绍，为我生成一个小红书的种草测评笔记。

答：

小红书种草笔记：某某亮肤精华液体验分享

大家好！今天我要给大家带来的是我最近超级喜欢的一款护肤神器——某亮肤精华液。这款精华液真的是我护肤路上的一大发现，用了大概两周的时间，我觉得自己的肌肤状态有了明显的改善，下面就来仔细聊聊它的效果和使用感受。

1. 包装设计：

首先，它的包装非常简约优雅，磨砂玻璃瓶身配上精致的滴管，每次使用都感觉像是在进行一场小仪式。非常适合拍照晒图，美美哒！

2. 质地感受：

精华液的质地很轻薄，涂抹到脸上的瞬间就能感觉到肌肤像是喝饱了水一样。我特别喜欢它的吸收速度，几乎是涂上去几秒钟就完全吸收了，一点都不会有黏腻或油腻的感觉。

3. 保湿和提亮效果：

说到效果，这款精华液最让我惊喜的就是它的保湿和提亮效果。使用后，我的脸色明显变得更加均匀，那些淡淡的痘印和色斑也有所改善。每天早上起来，都能看到自己肌肤的透亮度和光泽度都有提升。

4. 敏感肌也友好：

我的皮肤属于比较敏感的类型，很多产品用了都会有刺激感，但这款精华液非常温和，使用过程中没有任何不适，反而感觉肌肤越来越稳定。

5. 细纹改善：

虽然我主要是为了提亮和保湿购买的，但没想到它对细纹也有帮助。这几天明显感觉到眼角和嘴角的小细纹变得不那么明显了。

某亮肤精华液是一款非常值得尝试的产品。它不仅效果显著，而且使用感也非常舒适。推荐给同样在寻找有效提亮和保湿产品的小伙伴们！希望我的分享对你们有帮助，快去试试吧，相信你也会爱上它的！

3.4.2 直播变现

直播变现是小红书运营者实现收益的重要方式，尤其是在当下的社交媒体和电商环境下，这种方式因为其互动性和即时性越来越受到品牌和个人创作者的青睐。

直播变现从本质来说有两种方式，分别为内容电商和直播电商。

第3章 小红书运营推广

> 内容电商

内容电商具体来说就是在互联网时代，商家通过传播优质内容，进而引发用户的购买欲望，并且引导他们完成购买的一种产品的销售形式。其中的手段主要为图文和视频等。

假设一个美妆博主在小红书上发布了一系列关于护肤的视频和帖子，在直播过程中，详细介绍自己的护肤流程以及使用的产品，包括使用这些产品所带来的效果等。

在直播的过程中，我们会使用AI来辅助，创建一个直播的示例过程。

问：

假设一个美妆博主在小红书上发布了一系列关于护肤的视频和帖子，在直播过程中，详细介绍自己的护肤流程以及使用的产品，包括使用这些产品所带来的效果等。请根据这个内容，来写一个直播时的示例。

答：

小红书美妆直播脚本示例

直播开场

【画面】：直播间布置温馨，背景是整洁的化妆台，上面摆放着各种护肤品。

【博主】："大家好，欢迎进入今天的美妆直播间！我是Luna，今天我将和大家分享我的日常护肤流程，带大家详细了解每一步的作用和我所使用的产品。如果你有任何问题，随时在评论区提问，我会在直播中为你解答。"

产品介绍与使用演示

1. 洁面产品：

【博主】："首先我们从最基本的洁面开始。这里我使用的是这款含有天然植物提取物的泡沫洁面乳，它可以温和去除皮肤表面的污垢和油脂，同时保持皮肤的水润。"

【操作】：展示产品包装，挤出少量产品在手上，演示起泡过程。

2. 爽肤水：

【博主】："洁面后，我会用这款爽肤水来平衡肌肤的pH值，为肌肤补水。只需轻轻拍打面部，就可以提升肌肤的吸收能力。"

【操作】：展示如何倒取适量爽肤水并拍打在脸部。

3. 精华液：

【博主】："接下来是精华液，这一步非常关键。这款精华液富含抗氧化剂，能有效对抗自由基，预防肌肤老化。"

【操作】：展示精华液的质地，说明使用量，并在脸上点涂，然后均匀推开。

面霜：

【博主】："最后，但同样重要的是面霜。这款面霜能锁住之前的所有护肤成分，保湿同时形成保护层。"

【操作】：展示如何取适量面霜涂抹于脸部，重点强调按摩手法帮助吸收。

互动问答

【博主】："现在，如果你们有任何问题或想了解更多关于产品的信息，可以在评论区告诉我，我来一一解答你们的疑惑。"

结束语

【博主】："感谢大家今天的参与，希望我的分享能帮助到你们。这些产品的购买链接已经放在直播间简介里了，有兴趣的朋友可以去看看。下次直播见，再见！"

直播结束

【画面】：博主向观众挥手道别，渐渐淡出直播画面结束。

这个直播脚本结合了产品展示、使用教学和观众互动，不仅能提升观众的参与度，还有助于提高产品的销售转化率。

直播电商

和内容电商相比较，直播电商的效果即时性更为强烈，对于小红书的运营者来说，这种方式能够更快速地实现变现。直播电商主要是通过直播技术来实现实时的在线销售，其直播就是为了销售。其中，一场优秀成功的直播需要实时解答观众的问题，需要较快速地根据观众的行为分析调整直播内容，这些都可以使用 AI 来进行辅助。

假设某个品牌方要进行一场主题为"秋季时尚搭配"的直播活动，直播由品牌方的设计师主持，向观众展示新款的秋季服装系列，提供一些搭配的建议。

AI 可以实时分析观众的行为，包括他们的互动（如评论、点赞、分享）和观看习惯（如观看时间、参与度）。这些数据可以帮助主播实时调整直播内容，更好地满足观众的需求和偏好。

假定有这样一组直播数据，见表 3-1。

表 3-1 直播数据

时间	观众人数	点赞数	销售额
2023-11-20T20:00:00	395	102	370
2023-11-20T20:10:00	605	154	1060
2023-11-20T20:20:00	789	200	1790
2023-11-20T20:30:00	993	254	2660
2023-11-20T20:40:00	1209	294	5430
2023-11-20T20:50:00	1394	339	5430
2023-11-20T21:00:00	1586	385	7120
2023-11-20T21:10:00	1783	436	8850
2023-11-20T21:20:00	1988	500	11020
2023-11-20T21:30:00	2179	552	13120
2023-11-20T21:40:00	2377	590	15410
2023-11-20T21:50:00	2563	623	18080

我们可以直接使用 AI，让其根据上面的直播数据进行调整。

问：

请结合表 3-1 的直播数据，为这场直播提出一些优化建议。

答：

既然直播还在进行中，你可以实时调整一些策略来提升效果。这里有几点建议可以立即实施：

1. 增强互动环节：

立即增加互动性环节，如提问抽奖、观众投票选择下一件展示的服装，或是实时回答观众关于搭配的问题。可以设立一些小奖励，比如优惠券或直播专享折扣，以增加观众的参与热情。

2. 突出推广热销商品：

根据目前的销售数据，快速识别哪些商品受欢迎，并在直播中重点推荐这些商品。设计师可以详细介绍这些热销商品的特点和搭配建议。

3. 实时优惠促销：

针对观看直播的观众提供限时优惠，尤其是在观众人数较多的时段。这样的限时优惠可以激发观众的购买决策，尤其是对那些犹豫不决的观众。

4. 关注观众反馈：

关注观众在直播中的评论，尤其是关于产品和内容的反馈。实时调整直播内容，满足观众的需求。例如，如果多位观众询问某一款式的详细信息或更多搭配选项，设计师可以针对这些问题进行详细解答。

5. 提高直播质量：

确保直播的视听质量优良。检查音频是否清晰，视频是否流畅。高质量的直播体验可以增加观众的停留时间。

6. 快速反应时间：

设立一个专门的团队或个人来监视和响应观众的互动。快速回应观众的问题和评论可以提高观众的满意度和参与度。

这些实时的调整可以帮助我们在直播过程中优化表现，提高观众的参与度和购买转化率，最终达到更好的直播效果。当然也可以让 AI 通过直播数据进行分析，提出之后直播的优化建议等。

3.4.3 知识付费变现

在小红书等社交平台上，知识付费变现是内容创作者与观众之间的一种经济交互模式，它使创作者能够通过提供有价值的知识内容来获得收入。这种模式不仅限于直播，还包括课程、电子书、专门指导、工作坊等多种形式。

以课程教学变现为例。小红书上的课程教学是多种多样的，语言、亲子教育、考试、职场、投资、企业管理、时尚穿搭、美食、选车选房技巧等。同样都是小红书课程方面的运营者，但是对于其运营者本身是有很大区别的，有的课程卖得好，有的课程却无人问津，其实这也就体现了课程的内容打造是非常重要的。

对于课程内容的打造，完全可以使用 AI 来进行辅助。以"亲子教育"为例，我们选取小学生心理辅导为例，可以使用 AI 生成课程内容。

> **问：**
> 假设你是一位心理学专家，专注于小学生心理辅导，请你梳理出有代表性的 10 个常见的小学生心理问题。
>
> **答：**
> 作为一位专注于小学生心理辅导的心理学专家，我可以列出一些常见的小学生心理问题。小学阶段的孩子们正处于快速成长和学习的时期，他们的

心理问题通常与学校生活、家庭关系和自我认知有关。下面是十个常见的小学生心理问题：

1. 焦虑症：包括对学校生活、考试、与同龄人的交往等方面的担忧和焦虑。

2. 抑郁症：表现为情绪低落、兴趣减少、活动力下降，甚至在极端情况下会有自我伤害的行为。

3. 自尊问题：由于各种原因，一些孩子可能会感觉到自卑，对自己的能力缺乏信心。

4. 同伴压力：随着年龄的增长，同伴间的影响逐渐增强，压力可能源于需要融入集体、被接受或是满足他人的期望。

5. 注意力缺陷或多动症（ADHD）：表现为注意力分散、容易冲动、过度活跃，这会影响孩子的学习和社交。

6. 学习困难：可能是由于阅读障碍、计算障碍等特定的学习障碍，或是普遍的学习动力缺乏。

7. 社交障碍：一些孩子在与人交往时可能会感到紧张、恐惧，难以与同龄人建立正常的社交关系。

8. 行为问题：包括攻击性行为、撒谎、偷窃等反社会行为，可能是情绪管理不当或环境因素影响的结果。

9. 适应障碍：孩子在面对环境变化（如转学、父母离婚等）时可能出现适应性问题，表现为情绪和行为问题。

10. 分离焦虑：尤其在小学低年级学生中较为常见，孩子可能过度依赖父母或家人，表现出不愿去学校或离开家人的焦虑。

了解这些问题的症状和成因对于提供有效的心理辅导至关重要。通过适当的干预和支持，我们可以帮助小学生更好地理解和管理他们的情绪，促进其健康成长。

假设选择其中的"焦虑症"，可以让 AI 进行深度分析，最终撰写出我们的课程内容。

问：

假设你是一位心理学专家，针对"焦虑症"，请你面向小学生的父母来撰写一个课程的完整内容。

答：

设想一个针对小学生父母的心理健康课程，主题为帮助他们理解和应对孩子的焦虑症。这个课程将围绕理解焦虑的基本知识、识别焦虑的迹象、实用的应对策略，以及如何为孩子创造一个支持性的环境等方面展开。以下是课程的详细内容安排：

课程名称

理解与应对小学生的焦虑：家长指导课程

课程目标

增强家长对小学生焦虑症的理解。

学习识别焦虑的迹象和症状。

掌握有效的应对策略，帮助孩子管理和减轻焦虑。

了解如何为孩子创造一个安全和支持性的成长环境。

课程大纲

第一部分：焦虑的基础知识

定义焦虑症和其在小学生中的普遍性。

焦虑的生物学和心理学根源。

焦虑与正常忧虑的区别。

第二部分：识别焦虑的迹象和症状

常见的焦虑迹象，包括情绪、行为、身体和思维的表现。

案例研究：分析真实案例，提高识别能力。

第三部分：应对策略与技巧

基本应对技巧：如正念冥想、深呼吸练习等。

高级策略：如认知行为疗法（CBT）基础技巧，教育家长如何帮助孩子重塑思维。

家庭活动设计，如情绪表达绘画、家庭角色扮演游戏等，增强家庭成员间的理解与支持。

第四部分：创建支持性环境

如何在家中设立"安全区"，让孩子在感到焦虑时有一个退避的空间。

学校的合作：与老师沟通与合作的方法，共同支持孩子。

社交技能的培养：帮助孩子建立健康的社交关系，减轻社交焦虑。

第五部分：家长自我照顾

强调家长自我照顾的重要性，包括管理自己的压力和焦虑。

提供资源和进一步学习的途径，如读物推荐、在线资源和支持小组。

课程格式和持续时间

总时长：5周，每周一次线上会议，每次2小时。

交互式讲座和讨论，包括问答环节。

小组分组讨论和角色扮演，以加强学习效果。

每周指定家庭作业和活动，以实践学到的技巧。

结业评估

最后一次会议中进行一次简短的评估，检测家长对课程内容的理解和应用能力。

收集家长反馈，用于课程的改进和未来的课程开发。

之后，通过 AI 再对大纲内的内容进行深入分析即可。如"焦虑的生物学和心理学根源"，可以直接对 AI 提问如下。

问：

请你解释一下"焦虑的生物学和心理学根源"。

焦虑作为一种复杂的情绪反应,具有深刻的生物学和心理学根源,这些根源解释了为什么人们在面对感知到的威胁时会表现出焦虑反应。下面详细解释这些根源:

生物学根源

1. 遗传因素:

研究表明,焦虑症倾向可能在家族中有遗传基础。特定的基因变异(如5-HTTLPR基因的某些形式)与焦虑症的风险增加有关。

2. 神经递质不平衡:

焦虑与大脑中的神经递质(如血清素、多巴胺和γ-氨基丁酸等)的功能失调有关。这些神经递质是调节情绪、思维和行为的化学信使,它们的不平衡可能导致焦虑症状。

3. 大脑结构和功能:

某些大脑区域(如杏仁核、前额叶皮质)在处理情绪和压力反应中发挥关键作用。研究显示,这些区域在焦虑患者中可能存在结构或功能的异常。

4. 自主神经系统的反应:

焦虑时,交感神经系统被激活,导致心跳加速、呼吸急促等"战斗或逃跑"反应,这是一种古老的生存机制。

心理学根源

1. 认知因素:

焦虑常常与对环境或内在体验的负面认知有关。人们可能会高估风险或威胁,并低估自己应对威胁的能力。这种"灾难化"思维是焦虑的一个重要心理学因素。

2. 行为因素:

通过操作性条件作用,如果某个行为(如避免)减少了焦虑,这个行为就有可能被加强,导致焦虑反应持续存在。例如,避免公共演讲可能暂时减轻焦虑,但长远看会加剧对公共演讲的恐惧。

> 3. 情绪调节：
>
> 不恰当的情绪调节策略，如压抑情绪或过度反应，都可能导致或加剧焦虑症状。
>
> 4. 早期经验：
>
> 儿童早期的经历，如过度保护或父母的焦虑行为，也可能影响个体对压力的反应方式，从而在成年后形成焦虑倾向。

AI 的应用让小红书的运营推广更加科学和系统，不仅可以提高内容的吸引力和用户的互动率，还可以有效提升商业效益。通过这种高效、精准的运营方式，品牌和创作者能在竞争激烈的社交媒体环境中占据优势，实现持续增长。

第 4 章
抖音快手运营推广

4.1 短视频营销的思路

与小红书的运营推广不同,抖音快手平台首先要定位一种新的营销思维,也就是通过短视频来进行营销。短视频营销并不能说是一个新概念,它只是在当前的环境下,能够更好地迎合消费者的需求,切中消费者痛点,最终流行起来,实际上短视频营销就是视频营销的一个重要组成部分。

4.1.1 抖音快手平台

抖音

抖音于 2016 年正式上线,这种短视频记录方式一经上线,便迅速获得了年轻人们的喜爱。其主页如图 4-1。

图 4-1 抖音网页版截图

抖音是一个智能手机短视频社交应用程序,在抖音平台上,可以录制 15 秒到 1 分钟、3 分钟或者更长时间的视频,也可以上传视频、照片制作成视频等,抖音的账号达到一定的粉丝量后,可以开启直播,收取观众的打赏,当然平台运营会收取一定比例的打赏。抖音从 2017 年开始,用户规模快速增长。

抖音之所以比更早进入短视频行业的快手更快速地风靡市场,是因为它的用户主要是年轻人,他们有更多的机会来接触智能手机和新鲜事物,抖音的广告词为"抖音,记录美好生活"。

抖音平台上的各种炫酷的歌曲,节选歌曲的高潮部分作为短视频的背景音乐,这些音乐也让年轻人为之着迷,使用抖音来拍摄短视频,操作非常简单,任何人都可以在短短 15 秒的时间内,做出一部自己的作品。从那时开始,各个音乐平台也一度开始有"抖音热歌"的榜单。抖音平台对于商家而言也可以做品牌营销,实现扩大品牌的影响力和迅速增加其产品销量的目的。抖音上还有一个格外需要关注的重点,用户之间的相互推荐是流量迅速增加的有效手段。

快手

快手诞生于 2011 年 3 月,最初是一款用来制作和分享 GIF 图片的手机应用。2012 年 11 月,快手从纯粹的工具应用转型为短视频社区,成为用户记录和分享生产、生活的平台。快手平台的主页如图 4-2 所示。

图 4-2 快手网页版截图

2013年，宿华加入团队并担任CEO，推动了平台从单纯的工具向短视频社区的转型，并于同年正式更名为"快手"。此后，快手的增长势头迅猛，用户量不断增加，功能不断扩展。2016年加入直播功能，快手逐渐成为一个综合性的社交媒体平台。

快手在电商领域也积极扩展，从2018年开始发展电商业务，利用直播和短视频推广产品，特别是在推动农村特产销售方面显示出独特的市场优势。2019年，快手用户日活跃数量超过2亿，显示出其庞大的用户基础和影响力。

2020年，快手通过与京东等大型电商平台合作，进一步加强了其电商直播能力。2022年，快手持续创新，推出多模态短视频百科体系"快知"，致力提供更丰富和深入的内容服务。同年，快手在国际化和技术创新方面也有显著发展，比如推出视频云品牌StreamLake，专注于B端业务。

至于社会责任和合规方面，快手在未成年人保护和内容监管上也持续加强力度，发布相关公告并采取措施，以维护平台的健康发展和用户利益。此外，快手也不断探索新的合作模式和商业机会，比如与携程和芒果TV的合作，旨在丰富内容生态和增加用户互动。

快手作为一个快速发展的短视频和直播平台，不仅在用户增长和功能扩展上取得了显著成就，也在社会责任、技术创新及国际化方面展现出强大的动力和潜力。

4.1.2 抖音快手营销思路

抖音和快手的成功就是利用了碎片化的时间。随着人们的生活和工作压力的逐步加大，人们需要更多的时间去处理各项繁杂事务。所以在这种情况下，人们就要格外关注那些碎片化的时间。

因此，推出短视频能够更好地适应这种潮流。短视频的格式恰好满足了现代人快节奏的生活需求，使得用户在碎片化的时间里能够快速获取娱乐和信息，从等车、排队到工作间歇，都可以轻松观看，极大地提升了用户的接触频率和内容消费的便利性。抖音和快手通过提供各种有趣、有用或感人的短视频，成功地吸引了大量用户的注意力，并使其成为日常生活中不可或缺的一部分。

实际上，短视频的营销并不是一个新概念，其只是把控了大部分消费者的需求，只需要几秒、几十秒，就能切中消费者的痛点，因此能迅速火起来。这种迅速获取信息和娱乐的方式从营销的角度对于品牌商和广告商而言是一个巨大的机会。通过短视频，他们可以在极短的时间内，用创意和精练的内容来吸引用户注意力，传达品牌的信息或者促销详情。这种形式的高效率不仅提高了广告转化率，同时使短视频成为最具有吸引力的广告载体之一。

短视频营销已经成为当下最受欢迎的营销方式之一，这不仅因为它能迅速吸引观众的注意力，而且因为它适合在各种平台上快速传播，从而达到广泛的覆盖效果。要想成功实施短视频营销策略，我们需要了解和掌握一些核心的思维和方法。

首要的是要明确我们的营销目标。这涉及我们希望通过短视频达到什么效果——是增加品牌的知名度、推广某个产品，还是提高用户的参与度和互动率？明确了目标之后，我们就能更有效地设计视频内容和营销策略，确保我们的努力能对这些目标产生直接的推动作用。市场上的短视频平台众多，每个平台都有其特定的受众群和内容偏好。比如，抖音和快手在年轻用户中特别流行，他们更喜欢快节奏和易于消费的内容，而像哔哩哔哩则更受二次元文化爱好者的喜爱。选择正确的平台可以帮助我们更精准地触达目标观众，从而提高营销效率。

一个有吸引力的视频不仅要有创意的内容，还需要高质量的制作来吸引观众。这包括使用醒目的视觉效果、易于理解的语言和引人入胜的叙述。同时，视频还需要短小精悍，迅速传达信息，因为短视频的观众往往不愿意花费太多时间在单个视频上。

视频营销不仅仅是发布内容，更重要的是与观众的互动。我们可以通过激励观众在评论区留言、分享视频或参与话题挑战来提高参与度。这种互动不仅能增强观众对品牌的记忆，还可以通过算法推动视频的进一步传播。

最后，要始终保持对新趋势的敏感和适应能力。短视频领域的流行趋势和观众喜好都在快速变化，只有不断创新和调整策略，才能在竞争激烈的市场中保持领先。

4.1.3 短视频营销的主流方式

抖音和快手作为短视频平台的佼佼者，提供了多种吸引用户的视频展现方式。每种方式都有其独特的魅力和受众，以下是几种主流的短视频展现方式的介绍。

故事叙述

故事叙述方式通过构建有吸引力的情节和角色，让观众产生情感共鸣。成功的故事往往围绕人物的成长、挑战或一段旅程展开，这种叙述方式可以是虚构的也可以是真实的。例如，一个普通人通过不懈努力实现梦想的故事，或者是一次意义非凡的旅行记录。通过故事，视频创作者可以在几十秒内展示一个圆满的故事弧线，引起观众的好奇心和情感投入。

才艺展示

才艺展示视频直接展现个人的特定技能，如音乐、舞蹈、绘画等。这类视频往往通过展示极高的技巧和创意来吸引观众，视频中的表演者通过精湛的技艺和独特的表现形式来展示自己的才华。才艺展示不仅限于传统艺术，也涵盖了如极限运动、烹饪等领域的高水平表现。

短剧

短剧是一种紧凑的戏剧形式，通常通过戏剧化的冲突、幽默元素或生动的人物描绘来吸引观众。短剧需要精心编写剧本和设置角色，以在有限的时间内迅速建立情境和人物关系。短剧的成功很大程度上依赖于创意和表演的质量，以及如何在极短的时间内讲述一个引人入胜的故事。

知识普及和讲解

这类视频的主要目的是教育和传递知识，适合复杂信息的简化和普及。视频制作者通常会使用图表、动画和示例来帮助解释抽象或复杂的概念。例如，科学实验的步骤解释、历史事件的回顾或者健康知识的普及。这种类型的视频非常依赖于内容的准确性和呈现的清晰度。

技术交流

技术交流视频聚焦于特定行业或爱好者的技术分享，如软件教程、摄影技巧或手工艺品的制作过程。这类视频不仅提供了技术指导，还常常包含行业内的小窍门和创新方法，极大地丰富了专业人士或爱好者的学习资源。

产品展示

产品展示视频专注于展示商品的特性和使用效果，非常适合电商和品牌营销。通过直观的演示和详细的说明，这类视频帮助消费者更好地理解产品功能和设计亮点。高质量的产品展示不仅能增加产品的吸引力，还能直接驱动销售。

宠物

宠物视频通过记录宠物的日常生活或趣事来吸引观众，通常这些内容充满了温馨和乐趣。观众对宠物的可爱行为往往有很高的兴趣，这类视频易于产生情感共鸣，获得高度的互动和分享。

热度视频

热度视频紧跟流行趋势和热门话题，如模仿流行歌曲的舞蹈、挑战热门游戏。这类内容的成功往往依赖于时效性和创意，通过与当前流行文化的结合，迅速吸引大量的观众和参与者。

直播互动

直播互动允许观众与视频创作者实时交流，提高了参与感和互动性。在直播中，主播可以即时回应观众的评论和请求，进行产品展示、教学、游戏等多种形式的互动。这种即时的反馈和交流极大地提升了观众的忠诚度和活跃度。

4.2 短视频营销定位

无论是抖音账号的运营还是快手账号（后简称为短视频营销账号）的运营，大部分运营者最初的想法，就是要涨粉，让自己的粉丝量提升到一定的高度，等粉丝上涨到一定量之后，再琢磨自己卖什么。但其实，现阶段的平台上并不缺少粉丝，但是粉丝并不一定能收到内容。

所以，一个短视频营销账号在运营初期，发布第一条视频时就要定位好自己的账号，保证每一条视频都要有痛点。

对于短视频营销号的定位，主要有以下几个方面：行业、内容和人群。下面将详细分析。

4.2.1 行业定位

无论是哪个平台，账号的行业定位准则就是要选择一个行业，但是现在看很多账号最初觉得广撒网可能才是最好的方法，今天发布美食视频、明天发布学习视频、后天发布音乐视频等，总会有一部分视频内容会吸引观众，甚至可能会成为其粉丝。但实际上，我们需要去分析，观众之所以选择这些短视频平台，就是因为这些平台符合他们"碎片化"时间的需求，他们想要在自己碎片化的时间里看到他们想看的内容。

所以说，一个定位非常"杂乱"的账号，很难吸引固定领域的观众，也就很难吸引粉丝，因此营销也会非常的困难。所以说，应当给账号一个非常精准的定位，做什么行业就从头到尾将全部的精力倾注于一项工作上，这样才能最大限度地保持专注力。

我们可以直接使用 AI 工具，让其根据上面的数据进行合理分析，为我们进入短视频营销的行业提供依据。

比如说，现在有一组行业分析数据如下。

> 抖音时尚行业用户数据分析（假想数据）
>
> 用户基本数据
>
> 用户总数：10,000,000
>
> 性别分布：
>
> 男性：30%
>
> 女性：70%
>
> 年龄分布：
>
> 18～24 岁：40%
>
> 25～34 岁：35%
>
> 35～44 岁：15%
>
> 45 岁以上：10%
>
> 地理位置
>
> 一线城市用户：50%
>
> 二线城市用户：30%
>
> 三线及以下城市用户：20%
>
> 用户行为数据
>
> 平均观看时间：每日 35 分钟
>
> 互动率（点赞、评论与分享）：5%
>
> 高频访问时间段：20:00—23:00

内容分析

热门内容类型：

穿搭教程：30%

时尚趋势解析：25%

名牌开箱及评测：20%

日常穿搭分享：15%

时尚品牌历史与故事：10%

影响力最大的 KOL：

用户关注度排名前三的时尚 KOL 拥有超过 500 万的粉丝

广告与推广效果

平均点击率：2.5%

转化率（观看到购买）：1.2%

ROI（投资回报率）：每投入 1 元人民币，平均产生 3.5 元的销售额

我们可以直接使用 AI 工具，让其根据上面的数据进行合理分析，为我们进入短视频营销行业进行分析。

问：

请结合上面我所提供的"抖音时尚行业用户数据分析"中的数据，为我入局抖音平台的行业定位做分析，给出具体的定位建议。

答：

基于你提供的抖音时尚行业用户数据分析，我们可以结合这些数据来为你入局抖音平台的时尚行业定位制定一些具体的建议。以下是根据数据分析得出的行业定位和策略建议：

目标用户群体定位

1. 主要关注女性用户：数据显示，女性用户占到 70%。针对这个群体，

可以创建符合女性审美和兴趣的内容，如时尚搭配、美妆技巧、生活方式等。

2. 年轻用户为主：18～34岁的用户群体占比最高（75%），这个年龄段的用户通常对新潮和流行元素更加敏感。你可以重点关注流行文化和年轻人喜欢的时尚趋势。

地理位置策略

1. 一线城市优先：一线城市的用户占比高达50%，在这些地区有较高的消费力和品牌敏感度。可以优先考虑一线城市的市场，尤其是针对高端时尚品牌和产品。

2. 扩展到二线及三线城市：考虑到三线及以下城市的用户占比20%，可以逐步扩展到这些区域，推出更多适合当地消费水平的产品和内容。

内容策略

1. 增加教育性和互动性内容：用户对穿搭教程和时尚趋势解析表现出较高的兴趣。可以创建更多这类内容，并加入互动元素，如问答、投票等，以提高用户的参与度和忠诚度。

2. 利用KOL进行推广：考虑到影响力最大的KOL拥有庞大的粉丝基础，与这些KOL合作，可以有效提高品牌的可见度和信任度。

广告与推广时间

1. 晚间为高峰期：数据显示用户高频访问时间段为晚上8点至11点，应在这一时间段内推出新产品或进行重点活动宣传，以最大化观众覆盖率和互动率。

2. 关注节假日和特殊活动：可以在重要节假日或时尚相关的活动期间进行特殊推广，利用用户的购物欲望提高销售转化率。

技术与数据利用

1. 精准定位广告：利用抖音的大数据分析工具，精准定位广告受众，根据用户的行为和偏好调整广告内容和推送策略。

2. 持续跟踪与分析：持续跟踪用户行为数据和市场反馈，及时调整策略以适应市场变化。

这些定位和策略建议可以帮助我们更好地进入抖音的时尚市场，通过精准的用户和内容策略来提升品牌影响力和增加市场份额。

4.2.2 人群定位

在研究短视频营销的人群定位时，抖音与快手两大平台的用户群体和市场定位展现出明显的差异性，这种差异对于制定有效的营销策略至关重要。

抖音自平台上线之初便精确定位于一二线城市的年轻群体。该平台以其高质量的内容和引人注目的界面设计迅速吸引了大量年轻用户的关注。抖音的内容策略和算法推荐系统也明显倾向于迎合这一用户群体的偏好，例如时尚、音乐、舞蹈和高端消费品牌等领域。尽管随着时间的推移，抖音的用户基础已经逐渐扩展至更广泛的人群，包括更多年龄层和地域，但其核心用户群体仍然是对新鲜事物保持高度敏感且追求潮流的年轻人。在抖音进行营销时，品牌和营销者应当重点关注年轻人的消费习惯和文化趋势。营销策略可以利用抖音平台的强大影响力和广泛覆盖，通过创新和具有吸引力的内容来吸引用户，如使用流行音乐、挑战赛和与知名影响者的合作等方式来提升品牌的可见度和参与度。

相较于抖音，快手的市场定位则明显不同。快手最初关注的是三四线城市的用户，特别是那些生活在中国较为偏远和农村地区的普通民众。快手平台上的内容更贴近普通人的日常生活，强调的是真实性和亲和力，如手工制作、农活分享、家常菜制作等，这些内容体现了平民文化和草根性质。对于在快手进行营销的品牌而言，应当更加注重与用户建立情感的联系，通过展示产品在日常生活中的实际应用来吸引用户。此外，快手用户群体普遍对价格敏感，因此，推广策略应更多考虑性价比高的产品，以及通过优惠、折扣和直播带货等方式来促进销售。

两个平台的营销策略应当基于其用户特征和平台文化进行精准定位和调整。抖音适合推广时尚前沿和高端品牌，而快手则更适合推广性价比高和贴近生活的产品。理解这些差异，可以帮助品牌更有效地达成营销目标，同时在各自的领域内实现最大的市场渗透。

4.2.3 内容定位

内容定位是抖音与快手两大平台在各自市场策略中的核心部分，尤其是在视频和图片制作上的差异更加凸显各自的用户定位和文化倾向。抖音的内容通常以高质量、高制作价值的短视频为主，这些内容不仅需要具有视觉吸引力，还要符合年轻人对创新和趣味的追求。例如，抖音上流行的内容包括精心编排的舞蹈视频、特效丰富的短剧以及各种挑战和潮流话题，这些都是为了迎合一二线城市年轻用户群体的品位和兴趣。

相对于抖音，快手的内容则更注重真实性和亲民感，更多地展示普通人的日常生活和真实故事。快手上的视频往往包括家庭聚餐、农村工作场景，以及手工艺人的制作过程等，这些内容展现了更广泛和多样化的生活方式，更贴近三四线城市及农村地区用户的生活实际。快手的这种内容策略有效地吸引了那些寻求与视频制作者情感共鸣的观众，特别是那些更重视产品实用性和经济实惠的用户。

这种基于用户偏好和地域文化差异的内容定位策略，使得抖音和快手在中国的短视频市场中各自找到了定位，形成了互补的竞争关系。抖音借助创新和趣味性吸引用户，而快手则依靠真实和亲和力维系用户群，这也体现了短视频平台如何根据不同的市场需求和用户特性，精确调整其内容生产和展示策略。

4.2.4 完整的营销定位链

通过以上的分析，可以使用 AI 来精准定位客户。

比如说，有一套完整的关于抖音平台或者快手平台的数据，可以直接尝试使用 AI 来进行分析。需要注意的是，这组数据仅演示如何进行一套完整的账号定位，数据为虚构的。

抖音平台人群定位数据分析

用户基本特征

用户总数：150,000,000

性别分布：

男性：40%

女性：60%

年龄分布：

18～24 岁：45%

25～34 岁：35%

35～44 岁：15%

45 岁以上：5%

地理位置分布

一线城市：60%

二线城市：25%

三线及以下城市：15%

行业定位分析

主要行业类别

时尚与美妆：35%

科技与数码：20%

旅游与户外：15%

餐饮与美食：15%

教育与学习：10%

健康与健身：5%

内容定位分析

内容类型

短视频：90%

娱乐性内容（舞蹈、搞笑短剧）：50%

教育性内容（技能分享、语言学习）：20%

生活方式（旅游记录、美食制作）：20%

直播：10%

商品展示与销售：70%

实时互动（问答、聊天）：30%

用户行为数据

平均每日观看时长：50 分钟

互动率（评论、点赞与分享）：7%

用户流失率：月均 1.5%

我们可以直接询问 AI，让其根据这些数据来进行账号营销的分析。

问：

请结合上面所分析出的抖音后台行业、人群、内容定位分析，为我生成一个短视频营销的定位建议，模式可以如下：一个做某某行业的，针对某些人群的，用来分享某某类型话题的账号。

答：

基于上述抖音后台的行业、人群和内容定位分析，以下是一个具体的短视频营销定位建议：

定位建议：

建立一个专注于时尚与美妆行业的短视频账号，针对 18-34 岁的年轻女性群体，主要分享最新的时尚趋势、个性化美妆技巧和产品推荐。

> 详细说明:
>
> 1. 行业选择:
>
> 选择时尚与美妆行业是因为这个行业在抖音上的用户参与度高达35%,显示出极大的市场活跃度和用户兴趣集中。
>
> 2. 目标人群:
>
> 定位在18～34岁的年轻女性,因为这个年龄段的用户在抖音上占比最高,且这一群体对时尚和美妆内容有着极高的需求和参与热情。
>
> 3. 内容类型:
>
> 短视频内容将包括但不限于:
>
> 时尚趋势解析:介绍最新的服装搭配和流行趋势,应用丰富的视觉素材和创意编辑技巧来吸引用户。
>
> 美妆技巧分享:提供实用的化妆技巧和创意美妆教程,以视频教学和前后对比的形式展示化妆效果。
>
> 产品推荐与评测:围绕用户需求推荐高性价比的时尚与美妆产品,并提供真实的使用感受和效果展示。

通过上述定位,该账号可以有效地抓住目标用户群体的兴趣和需求,同时利用抖音平台的广泛覆盖和强大影响力,增强品牌影响力,加强用户互动,提升用户转化率。

4.3 短视频账号内容创作

抖音和快手平台作为普通人记录和分享生活的重要阵地，为每个人提供了展示自己的机会。在这样的背景下，营销不仅仅是推广产品或服务，更是通过内容与观众建立情感连接的艺术。因此，在选择进行营销时，深入理解并利用这些平台的核心特性至关重要。

在抖音和快手上，用户习惯观看真实、贴近生活的内容，这种内容更容易引起他们的共鸣。营销者可以通过制作情感类视频，如真实的生活故事、感人的人物经历或者温馨的家庭场景，来触动观众的情感。这种情感的触动不仅能够吸引用户的注意，还能在用户心中留下深刻的印象，从而建立起品牌或个人与用户之间的情感纽带。例如，一个品牌可以分享其产品如何在一个普通家庭中带来变化的故事，或者展示一个普通人通过使用该产品实现梦想的旅程。这些故事不仅显示了产品的实际价值，还植入了情感元素，使得观众能够看到自己在类似情景下的反应，增强了与品牌的情感联结。

在抖音或快手这样的视觉驱动平台上，高质量的视频制作、合适的背景音乐和精心设计的剪辑可以极大地提升视频的吸引力和观看体验。

本节内容中，我们将以一个定位"家庭日常生活和成长故事"的短视频账号为例来讲解其内容创作。因为抖音、快手的运营机制和模式基本相近，所以仅以抖音来展示。

4.3.1 选题

短视频账号的选题和小红书的标题并不相同。所谓选题就是这一则短视频的中心思想。运营者在考虑选题的时候，要想到，这个选题是不是用户普遍所关心的，是不是关注我们账号的用户所关心的。这个选题可以说决定了一个视频将近一半的流量。

以上文中的账号定位"家庭日常生活和成长故事"为例，使用 AI 工具来生成一些相关的选题。

> **问：**
>
> 假设你是一位抖音的运营者，账号的定位"家庭日常生活和成长故事"，请你根据定位，为我撰写出至少 10 个合适的选题，要体现其中一个视频的中心思想。
>
> **答：**
>
> 在抖音上运营一个以"家庭日常生活和成长故事"为主题的账号，可以通过多种有趣和温馨的内容来吸引观众。以下是 10 个适合这一主题的视频选题，每个选题都围绕家庭成员的互动、成长或日常生活的小细节，能够引发共鸣：
>
> 1.《一日家庭长大记》：
>
> 中心思想：记录孩子一天中的小成长，如自己穿衣、吃饭或整理玩具，展示孩子的自立过程。
>
> 2.《做饭时间：代代相传的家庭食谱》：
>
> 中心思想：分享一道传统家庭菜的制作过程，强调家庭之间情感的传递和文化的延续。
>
> 3.《周末的 DIY 时间》：
>
> 中心思想：全家一起做一个小项目，如制作一个鸟屋或种植花草，体现

家庭成员之间的合作和乐趣。

4.《家庭游戏夜》：

中心思想：展示一家人在游戏夜的互动，如玩桌游或互动游戏，突出家庭生活的快乐和团结。

5.《第一次的小成就》：

中心思想：记录孩子的第一次尝试，如第一次骑自行车、第一次独自上学等，强调成长中的勇气和家庭的支持。

6.《节日庆典传统》：

中心思想：通过家庭共同准备和庆祝一个特别的节日（如春节、圣诞等），展现家庭文化和团聚的温馨。

7.《家庭支持系统：面对挑战》：

中心思想：讲述家庭成员在面对生活困难或挑战时如何相互支持，展示家庭作为避风港的角色。

8.《亲子阅读时光》：

中心思想：展示家长和孩子共读一本书的情景，强调阅读在亲子关系和孩子成长中的重要性。

9.《代沟桥梁：一起回忆，一起创造》：

中心思想：老一辈和年轻一辈通过共同活动（如看老照片、讲述往事）来理解彼此的成长背景，强化家族间的理解和联系。

10.《家庭户外探险日》：

中心思想：一家人去户外进行一天的探险，如远足、野餐等，展示大自然中的家庭互动和探索精神。

可以看出 AI 归纳出了 10 个选题，我们可以根据 10 个选题来选择其中适合我们自己的选题。比如我们选择《亲子阅读时光》作为选题。

4.3.2 文案

文案是对一个好的选题进行诠释的基础。在抖音这样的短视频平台上，文案的作用是通过精练且富有吸引力的语言来诠释和增强视频内容的主题。好的文案不仅要简洁明了，还应该能够迅速抓住观众的注意力，引发他们的好奇心或共鸣。在抖音中，由于用户浏览速度极快，文案需要在极短的时间内展示视频的独特之处或价值所在。

根据上文，我们选择了《亲子阅读时光》作为选题，可以让 AI 帮助我们生成文案，在上文的命令中，我们让其归纳了中心思想，所以将其一起代入 AI 即可。

问：

我们选定了你所提出的第 8 个选题建议如下：

《亲子阅读时光》其中心思想是展示家长和孩子共读一本书的情景，强调阅读在亲子关系和孩子成长中的重要性。

请你根据这个选题，撰写出供参考的 10 条抖音短视频文案。

答：

针对《亲子阅读时光》这一视频主题，以下是 10 条可以用作抖音短视频的文案，每一条都旨在展示阅读对于亲子关系和孩子成长的重要性：

1. 启蒙篇：

"一本书，一杯茶，一段静好的亲子时光。今天，我们一起探索《小王子》的奇幻世界。亲子阅读 成长故事"

2. 成长篇：

"从童话到科普，每一个故事都开启了一扇新世界的大门。看着孩子的眼睛因好奇而发亮，是我们最幸福的时刻。亲子阅读 探索世界"

3. 启发篇：

"问问题，寻找答案！今天我们读《为什么》系列，一起解答孩子的千奇百怪好奇心。孩子成长 亲子共读"

4. 情感篇：

"每一个晚安故事都是我们的心灵对话。今晚，让《睡前故事》带我们进入甜美梦乡。晚安故事 亲子时光"

5. 历险篇：

"大冒险家的小伙伴们，今天我们跟随《哈利·波特》一起勇闯魔法世界！魔法棒准备好了吗？魔法旅行 亲子共读"

6. 科学篇：

"小小科学家在家中诞生！《小牛顿科学杂志》带我们一起揭开科学的神秘面纱。科学探索 成长与学习"

7. 传统篇：

"传承文化的力量，从《成语故事》开始。一言一行，一故一理，与孩子一起深入中华博大精深的文化。文化传承 亲子阅读"

8. 探索篇：

"翻开地图，一起环游世界。《地图集》让孩子的视野跨越山海，了解这个多彩的世界。环游世界 阅读启蒙"

9. 艺术篇：

"艺术是孩子的另一种语言。今天，我们通过《小小艺术家》一起学习名画背后的故事。艺术教育 亲子共读"

10. 节日篇：

"节日不仅是欢庆，也是学习和感知的时刻。阅读《节日的由来》，让孩子理解和感受每个特殊日子的意义。节日阅读 家庭传统"

可以看到这些文案能够引导观众感受亲子阅读的乐趣和价值，同时通过不同主题展示亲子阅读的多样性和深度。

4.3.3 画面呈现

画面呈现是服务于我们的视频选题和文案的，它会将我们的文案更好地呈现出来。抖音和快手的运营中，画面的呈现和小红书的画面有相似之处，但并不相同。比如对于上面的文案，我们以"4.情感篇：每一个晚安故事都是我们的心灵对话。今晚，让《睡前故事》带我们进入甜美梦乡。晚安故事 亲子时光"为例。使用 AI 进行画面的脚本制作如下。

问：

我现在要拍摄一个定位"家庭日常生活和成长故事"的抖音账号的短视频，其选题定为：《亲子阅读时光》，主要是展示家长和孩子共读一本书的情景，强调阅读在亲子关系和孩子成长中的重要性。现在所撰写的文案如下：每一个晚安故事都是我们的心灵对话。今晚，让《睡前故事》带我们进入甜美梦乡。

请你以抖音大 V 的身份，为这个选题和文案，呈现出具体的画面，其中要包含视频拍摄以及分镜镜头的时长等全部内容。

答：

为了拍摄这个主题的抖音视频《亲子阅读时光》，你可以设计一个简洁而温馨的视频流程，让观众感受到亲子共读的美好。以下是一个详细的视频拍摄方案，包括分镜头设计和时长，帮助你制作出引人入胜的内容：

视频总时长：60 秒

镜头一：开场镜头

时长：5 秒

内容：画面显示一间温馨的卧室，灯光柔和。镜头缓缓推进，聚焦在一个准备就绪的阅读角落，旁边放着一堆精选的童书。

文案：（无声，仅背景音乐轻柔起）

镜头二：亲子互动镜头

时长：15 秒

内容：孩子兴奋地从书堆中选择一本书，《睡前故事》。父母微笑着点头，表示同意。孩子跳上床，父母跟着坐下，开始翻开书页。

文案：（背景轻音乐，孩子的声音："这个！这个！"）

镜头三：阅读时光

时长：25 秒

内容：镜头轻轻从上方俯瞰，捕捉父母和孩子一起阅读的画面。父母用温柔的声音朗读故事，孩子聚精会神地听着，偶尔点头或发出惊讶的小声音。

文案：父母的声音："每一个晚安故事都是我们的心灵对话。今晚，让《睡前故事》带我们进入甜美梦乡。"

镜头四：情感交流镜头

时长：10 秒

内容：读完书后，父母轻轻问孩子关于故事的看法或学到的东西，孩子兴奋地讲述自己的理解和感受。

文案：（孩子的声音兴奋讲述）

镜头五：结尾镜头

时长：5 秒

内容：镜头拉远，父母与孩子拥抱，共享一个温馨的晚安吻。房间的灯光渐渐调暗，营造出即将入睡的氛围。

文案：（背景音乐收尾，屏幕渐变黑，文字悬浮："和孩子一起梦想"）

技术和风格提示：

摄影：使用稳定的摄像技术，如三脚架或手持稳定器，确保画面平稳流畅。

灯光：室内灯光要柔和，可以使用调光灯或侧光来增加层次感，避免强烈直射灯光。

剪辑：画面过渡要自然，可以使用渐变、淡入淡出等效果，增加视频的观感。

音效：选择温馨或轻松的背景音乐，确保音量适中，不要压过人声。

之后，直接按照 AI 生成的详细视频方案拍摄视频即可。

4.3.4 视频配音

在最初介绍抖音时，也介绍了很多音乐播放器中，都出现了"抖音热歌""抖音榜单"等内容，所以在我们的视频中可以直接添加抖音、快手等平台上自带的一些歌曲。需要注意的是，所配音乐要符合我们的视频主题，如果不清楚可以询问 AI。

> **问：**
> 请针对上面的视频，提供我视频的背景音乐的方案。
>
> **答：**
> 为了与视频的温馨和亲密主题相匹配，可以考虑以下几种背景音乐类型：
> 1. 古典音乐：
> 选择一些轻柔的古典音乐，如钢琴曲或弦乐曲。这类音乐通常给人一种温暖和宁静的感觉，适合营造亲子阅读的氛围。
> 2. 原声吉他曲：
> 轻柔的原声吉他乐曲可以带来一种简单和质朴的感觉，非常适合家庭和成长主题的视频。
> 3. 新世纪音乐：
> 新世纪音乐风格通常结合了轻音乐、电子音乐和自然声音，创造出一种梦幻般的听觉体验，适合增强视频中的梦境氛围。
> 4. 钢琴轻音乐：
> 轻柔的钢琴曲可以增添一种温暖和舒适的氛围，特别适合亲子阅读的安静时刻。
> 5. 民谣风格：
> 一些简单的民谣风格音乐，尤其是使用木吉他、小提琴或手风琴等乐器演奏的，可以为视频增添一种亲切和温馨的感觉。

选择这些类型的背景音乐可以有效地补充视频内容，增强观众的情感体验。在编辑过程中，应确保音乐与画面和内容的节奏相匹配，创造出和谐一致的观看体验。

4.3.5 带货

运营抖音或者快手等短视频账号，最终的目的是营销，那我们可以在小黄车中挂上一些什么样的商品呢？这同样可以让 AI 为我们提供一些建议。

> **问：**
>
> 假设你作为一个抖音账号的运营者，请结合上面我所创建的视频内容，为我提供一些可以带货商品的建议。
>
> **答：**
>
> 根据视频《亲子阅读时光》的主题和内容，可以在视频中巧妙地融入一些与阅读和亲子活动相关的商品，以实现带货的效果。这里有几种商品推荐，可以在视频的"小黄车"弹幕或者视频描述中提及：

1. 儿童图书：

直接推广视频中出现的《睡前故事》书籍，或类似的儿童书籍。可以选择教育性强、图文并茂的书籍，适合父母和孩子一起阅读。

2. 儿童阅读灯：

推荐一些专为儿童设计的阅读灯，特别是那些保护视力、可调光的灯具，可以增加阅读时的舒适度。

3. 儿童卧室家具：

推荐视频中出现的卧室装饰或家具，如儿童床、书架、阅读角落的布置用品等，这些都能吸引希望打造温馨阅读环境的家长。

4. 亲子装：

推介亲子装，特别是适合居家的舒适服装，增加亲子活动的乐趣和亲密感。

5. 教育玩具：

推广与书籍内容相关的教育玩具，比如故事中提到的动物或科学套件，可以让孩子在阅读后通过玩耍进一步学习和探索。

6. 电子阅读器：

如果视频愿意扩展到电子书，可以推荐适合儿童使用的电子阅读器，特别是那些设计有控制功能、能够保护眼睛的产品。

在选择推广商品时，重要的是确保这些商品与视频内容紧密相关，并且能够真实地提升观众的生活质量，从而自然而然地融入视频故事中，达到自然的带货效果。

4.4 短视频直播带动营销

在目前直播行业快速发展的背景下,许多人选择加入这一行业,尤其是在抖音和快手这样的主要平台。对于商品营销来说,直播是一种迅速见效的手段。

在抖音和快手的平台上,最不缺乏的就是流量,如何将流量变现,则是很多营销者急需解决的问题,而直播的出现,则恰好解决了这一个问题。对于抖音和快手的运营者来说,短视频所带来的是流量,而直播带来的则是流量的变现,只有将上面两者内容结合在一起,才能更好地实现营销。

4.4.1 绚丽封面

直播不仅仅有粉丝,而且还有非常多的"陌生人",那么对于他们而言,一个绚丽的封面是吸引观众进入直播间的最好的理由。封面设计在直播领域扮演着至关重要的角色,因为它不仅需要紧密贴合直播的主题,确保观众一眼就能识别出直播内容的类型,还必须具备独特性,以便在众多直播中脱颖而出。设计封面时,应融入主播的个性特征和风格,这样不仅能吸引目标观众群体,还能增强观众的归属感和忠诚度。个性化的设计元素,比如颜色选择、图形样式和文字布局等,都应当细致考量,以确保封面既能传达直播的核心内容,又能凸显主播的独特风格,从而避免千篇一律的通用模板,让每一场直播都显得新鲜和吸引人。

可以使用 AI 生图软件来进行生图，以上文中的"亲子阅读时光"为主题，尝试生成一个动漫色彩的图片，如图 4-3。

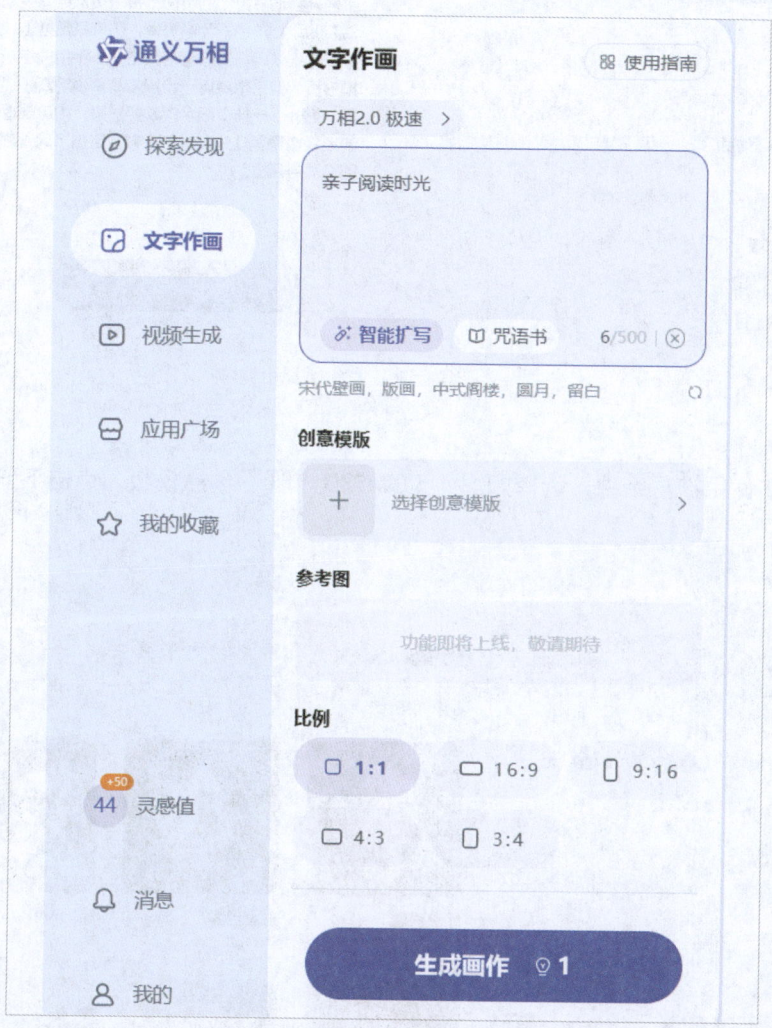

图 4-3 通义万相生图页面

选择左侧工具栏中的"文字作画"，在提示词框中输入"亲子阅读时光"，选择下面的"智能扩写"，即可扩写如图 4-4 的提示词。

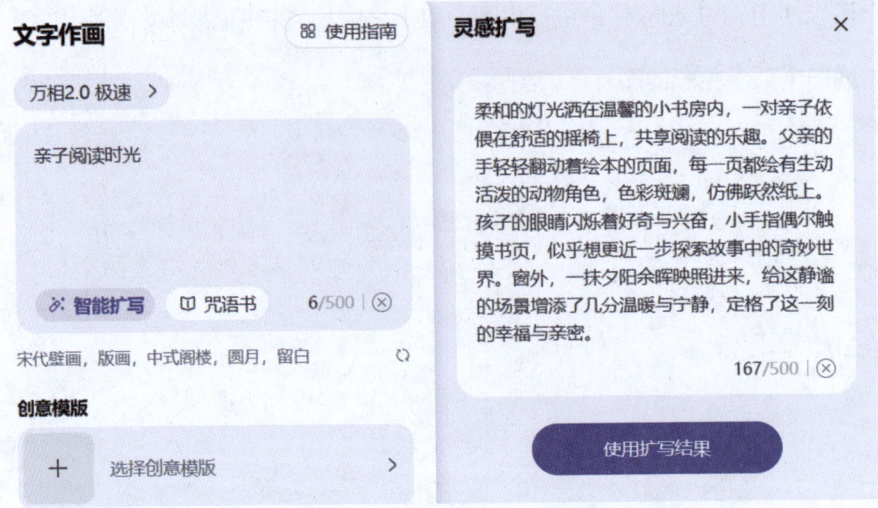

图 4-4 通义万相扩写生图提示词

点击使用扩写结果，选择如图 4-5 的 "3D 卡通" 创意模板，点击下方的 "生成画作" 即可。

图 4-5 通义万相选择创意模板

所生成的直播封面图片如图 4-6。

图 4-6 通义万相生成的直播封面插图

和小红书的生图一样，AI 生成的图像仅供参考，如果对其不满意，我们可以再次生成。

4.4.2 主播话术

对于新媒体而言，诸如抖音和快手平台，人们并不喜欢千篇一律的直播方式，相反，一个非常有个性的主播能给观众带来眼前一亮的感觉。主播是直接出镜的，与前面所讲的短视频不同，短视频的话术可以经过思考、酝酿，而直播的话术是有即时性的。

这个时候，AI 可以提供非常大的助力。

比如说以直播带货"儿童运动用品"为例，我们可以直接让 AI 帮助生成一份直播话术。

问：

假设你是抖音大 V，擅长直播，请你准备一份带货"儿童运动用品"的直播脚本。其中包括足球、衣服、护具等。

答：

好的，下面是一份针对"儿童运动用品"带货的直播脚本，希望可以帮到你！

直播开场

【镜头对准自己】

大家好，欢迎大家来到我们今天的直播间！我是你们的老朋友，今天带来了一系列专为小朋友设计的运动用品。不管是户外玩耍还是体育课必备，这里应有尽有！

商品一：儿童足球

【镜头切换到足球】

大家看这里，这是我们为小小足球爱好者准备的专业儿童足球。球体采用环保材料制成，非常安全，而且重量适中，非常适合儿童使用。

特点介绍：防滑表面，提高踢击的准确性和力量。

适用年龄：3 岁以上的儿童。

【互动环节】

那么问题来了，足球比赛中最激动人心的是什么时刻呢？大家快在评论区告诉我吧！

商品二：儿童运动服

【镜头切换到衣服模特或图片】

接下来看看我们的儿童运动服。这款运动服采用透气面料，无论是炎热的夏天还是凉爽的春秋，都能保持孩子们的舒适。

特点介绍：弹性良好，运动自如不束缚。

款式多样：有多种颜色和图案可选，满足不同孩子的喜好。

【互动环节】

大家觉得孩子运动的时候穿什么颜色的衣服最可爱呢？快来评论区分享你的想法！

商品三：儿童护具套装

【镜头切换到护具】

最后，为了保护我们的小运动员，这一套儿童护具绝对是必备的。包括了膝盖护具、手肘护具以及护腕，可以有效地保护孩子在运动时不受伤害。

特点介绍：轻巧而不失坚固，穿戴方便。

适合运动：滑板、自行车、滑滑车等。

【互动环节】

家长们，你们最担心孩子在哪种运动中受伤呢？希望听听大家的看法，也让我们知道如何更好地保护他们！

直播结尾

感谢大家今天的观看和参与，希望你们喜欢这些精心挑选的儿童运动用品。如果有喜欢的产品，记得下单哦，今天的直播有特别优惠！再见啦，下次直播再见！

这样的脚本可以帮助主播更有效地介绍产品，并通过互动环节提高观众的参与度。当然也可以实时调整直播的脚本内容，使其能更好地符合我们的要求。

4.5 短视频账号高效运营

在当今短视频平台的竞争环境下，抖音和快手作为行业的领头羊，为内容创作者提供了丰富的展示舞台。高效运营短视频账号不仅要注重内容的创新与互动性，还需精通算法趋势和用户喜好。

4.5.1 抓住客户需求

短视频平台最初是一种分享和社交的工具，现阶段已经成为人们生活中的一部分。想要短视频账号高效运营起来，首先就要在遵守平台规则的前提下，根据客户的需求来持续完善和更新自己的营销视频。

下面提供一些客户的后台留言数据，下面的留言为了演示，使用 AI 生成，只具有参考意义，并不真实。

> 1."看你的视频总能感受到家的温暖，建议多拍一些孩子成长的小片段，比如学走路、学说话的可爱瞬间，大家都很喜欢看这些！"
>
> 2."你们家的日常真是温馨又真实，能不能考虑做一些家庭亲子游戏的视频？这样既能增加互动性，也更有趣味性。"
>
> 3."我超喜欢你们的家庭故事！如果能加入一些日常的烹饪教学，特别是孩子可以参与的那种，我觉得会更受欢迎。"
>
> 4."有没有想过做系列主题视频，比如节日庆祝的特辑？看你们怎样一

起准备圣诞节、春节，我觉得会很有观赏价值！"

5．"我觉得你们的视频可以多些教育意义，比如家长如何教育孩子的小技巧，或者分享解决亲子冲突的方法，这样大家都能学到东西。"

6．"不知道你有没有试过记录家庭成员之间的对话和交流？那些真挚的对话很打动人心，也许能成为你视频的一大亮点。"

7．"建议你多拍一些外出活动的视频，比如全家去郊游、海边玩耍的日常。这样既展现了家庭生活的另一面，也更加丰富多彩。"

8．"如果可以的话，拍摄一些关于家庭节日传统的视频吧！像是家庭手工活动、准备节日美食等，这样可以让更多人了解你们的文化背景。"

9．"你们的视频很真实，能否考虑增加一些家庭成员个人兴趣或特长展示的内容？比如爸爸的木工爱好、妈妈的园艺技巧，这种内容很吸引人。"

10．"作为一名家长，我很想看到更多关于如何培养孩子独立性的视频。分享一些日常训练的小技巧或经验，我相信会帮助到很多家长。"

我们可以使用 AI，让其分析上面的一些留言，为我们的账号提供一些高效运营的方法。

问：

在我的定位为"家庭日常生活和成长故事"的抖音账号后台，有如下 10 条留言，请你根据下面的留言，提供我的账号优化的方案。

留言如下：

略。

答：

根据您的抖音账号主题定位和上述网友的建议，以下是一些具体的优化方案，以帮助您提升账号的吸引力和互动率：

1. 系列化内容制作

主题系列：根据建议，您可以创作不同的内容系列，如"节日家庭传统""亲子游戏挑战""家庭烹饪时间"，以及"成长里程碑"。每个系列可以专注于特定主题，定期更新，使观众形成期待。

互动系列：设计一些需要观众参与的内容，如"亲子DIY大赛"，鼓励观众投票选择下一个项目或分享他们的家庭故事。

2. 增强教育元素

教育视频：制作一些教育性视频，如"父母如何处理孩子的不同情绪"或"培养孩子独立性的小技巧"。这些内容可以帮助您的账号吸引到希望从日常亲子互动中学习的家长。

合作内容：考虑与教育专家或心理学家合作，制作一些讲座或访谈，提供专业的育儿建议和家庭教育策略。

3. 真实互动地展示

日常对话记录：记录和展示家庭成员之间的真实对话和互动，如解决冲突的过程、家庭会议等，这不仅增加了视频的真实感，还能提供给观众一些实用的沟通技巧。

生活点滴分享：定期分享家庭成员的日常小故事，如孩子的学校生活、家庭成员的趣味小发现等，强调日常生活中的幸福瞬间。

4. 多样化内容格式

短视频与长视频结合：结合使用15秒短视频和1～3分钟的长视频，以适应不同观众的观看习惯。短视频可以用来吸引观众，而长视频则用于深入探讨某个主题或讲述更完整的故事。

直播：开展直播活动，如家庭游戏夜、节日准备直播等，让观众实时参与和互动，增加粉丝的黏性和参与度。

5. 提升视觉和音频质量

视觉统一性：保持视频风格和色彩的统一性，使您的账号更加专业和易于识别。考虑使用固定的滤镜和图像风格。

音频质量：投资良好的录音设备，确保视频中的对话和背景音乐清晰，提升整体观看体验。

我们可以根据上面的策略，对账号进行优化，进而可以更好地吸引目标观众，提高观众的参与度和忠诚度。

4.5.2 玩转特色账号

对于抖音和快手平台，我们一定要有明确的账号运营策略，也要清楚自己的产品或者是服务定位于什么领域，想要吸引什么样的群体和观众。因此，我们也可以分析一些对标账号、特色账号，从中吸取一些优点和长处为我们所用。

我们虚构一个优质抖音账号的数据分析报告，包括账户粉丝数量变化趋势、短视频主题、展现风格和拍摄风格等关键指标等。

> 账号概况
>
> 账号名称：家庭日常 Vlog
>
> 开设时间：2022 年 1 月
>
> 账号定位：家庭日常生活和成长故事
>
> 粉丝数量变化趋势
>
> 2022 年 1 月至 12 月：账号初始粉丝数为 2,000，年末增长至 15,000。
>
> 2023 年 1 月至 10 月：粉丝数量从 15,000 增长至 45,000。
>
> 增长原因：引入系列主题视频和互动内容，提高用户参与度。
>
> 峰值时期：特别节日如春节和国庆期间，通过节日特辑内容吸引大量新粉丝。
>
> 视频主题与系列
>
> 系列主题：
>
> 家庭成长记：记录孩子从学步到上学的各个成长阶段，视频平均观看率高达 70%。

节日家庭活动：展示家庭成员共同庆祝中国传统节日的活动，包括制作节日食品和家庭聚会。

亲子教育短课：提供短小精悍的家庭教育建议和亲子活动建议，每集3分钟，深受年轻父母欢迎。

展现风格与拍摄风格

展现风格：

真实自然：强调家庭成员间的自然互动和真实情感表达，避免过度编排和剧本化。

亲和力强：通过日常的轻松对话和亲子互动，构建温馨和谐的家庭形象。

拍摄风格：

视频质量：使用高清摄像头和自然光源，保证画面质量。偶尔采用手持摄像方式，增加视频的亲切感和真实感。

剪辑风格：视频剪辑简洁流畅，使用温暖的滤镜，强调家的温馨和舒适。

背景音乐：选用轻松愉快的音乐，与视频主题和情感相匹配。

互动与用户反馈

用户互动：每个视频平均点赞数约为5,000，评论数约为500。

用户反馈：观众反馈普遍正面，特别赞赏账号提供的育儿建议和节日活动创意。

经过分析，可以看到此账号在短时间内建立了较高的观众黏性和品牌认同感，我们可以让 AI 根据上面的数据，为我们的账号提供优化建议。

问：

请根据上面的特色账号的各种数据,为我的抖音账号提供一些优化建议。

答：

基于上述虚构账号的成功特点和数据分析,以下是一些针对您的抖音账号优化的具体建议：

1. 加强内容系列化：

创建标志性系列：根据您账号的主题"家庭日常生活和成长故事",可以创建一些标志性系列,例如"一周一成长故事",每周分享一个家庭成员的小成长或感人瞬间。这样的系列化内容能够帮助观众建立期待感,促进持续关注。

节日特辑制作：利用中国传统节日或国际性节日,制作节日特辑内容,展示家庭如何准备和庆祝这些节日,增加文化教育元素。

2. 提升互动和教育性：

亲子教育内容：定期推出亲子教育短视频,提供实用的家庭教育技巧,如解决孩子行为问题的策略或促进家庭成员间的沟通技巧。

观众互动：增加视频中的互动环节,例如提问环节或观众投票决定下一个视频的内容,增加观众的参与感和黏性。

3. 优化拍摄和展现风格：

提升视觉效果：使用更好的拍摄设备和技术,如使用三脚架或稳定器保证画面稳定,适当时使用外接麦克风提升音质。考虑在不同的自然光条件下拍摄,以确保视频画质自然、清晰。

统一视觉风格：选择一种或几种符合您账号氛围的视频滤镜,保持视频风格的一致性。这不仅能提升账号的专业度,也能增强观众的品牌记忆。

4. 增加直播和实时互动：

定期直播：通过直播与观众实时互动,分享家庭活动的现场,如做饭、游戏或出游等,让观众感受到更多的真实和参与感。

互动话题：在直播中设置话题讨论,鼓励观众分享他们的家庭故事或提出问题,通过直播回答,提高观众的参与度和满意度。

5. 扩大影响力:

合作与跨界:与其他有影响力的账号或品牌合作,尤其是在家庭、教育和生活方式领域的品牌,可以吸引更广泛的观众群体。

营销活动:通过参与或创建挑战、赠品活动等,利用热门话题或趋势,增加账号的曝光率和吸引新观众。

4.5.3 建立账号矩阵

建立账号矩阵是抖音和快手等短视频平台的一种常见运营策略。账号矩阵可以有效地扩大品牌或产品的影响力,通过多个账号互相支持和推广,形成强大的网络效应。

明确目标和定位

首先,需要明确建立账号矩阵的目的。是为了提升品牌知名度,还是为了推广特定的产品或服务?此外,每个账号的定位应该是清晰的,可以围绕不同的主题或目标受众进行设置。例如,一个账号主打产品介绍,另一个专注于用户互动和反馈。

规划账号结构

在建立矩阵之前,规划好账号之间的关系是非常重要的。通常,矩阵中会有一个或几个主账号,负责主要的内容发布和品牌形象建设,而其他账号可以围绕主账号进行内容支持,如分发不同类型的内容(教程、评测、幕后花絮等)。

内容策略制定

每个账号都应有自己的内容策略，包括内容的类型、风格和发布频率。内容之间应该具有一定的关联性，使用户能在不同账号之间形成良好的互动和跳转。同时，确保内容质量和原创性，增加用户黏性。

互动与协同

账号之间不仅要在内容上形成支持，还要在互动上进行合作。例如，通过互相引用、@提及或共同参与挑战等方式，增强账号间的链接和用户的参与度。此外，定期组织联合活动或竞赛，可以有效提升矩阵的整体活跃度和曝光率。

数据监控与优化

运用数据分析工具，定期监控每个账号的表现，包括观看次数、点赞量、评论和转发等关键指标。根据数据反馈调整内容策略和互动方式，不断优化账号矩阵的运作效果。

风险管理

建立账号矩阵也伴随着一定的风险，如账号被封停或影响力下降。需要提前制定应对策略，比如备份重要数据，以及在其他社交平台上建立影响力，形成多平台联动。

4.5.4 多方位引流

短视频的营销推广，流量也就意味着销量。其实运营者都清楚，确实有一些一夜之间因为某个点而成为百万粉丝的账号，但那些毕竟是少数，而且那些账号往往在获得百万粉丝之后，做营销反而并没有那么成功。

做短视频的营销推广需要一步一个脚印采取多方位引流的方法。其中包括网红和明星引流、社群营销、校园营销、消费场所合作等。

网红与明星效应

借助有影响力的网红或明星，可以迅速提高品牌或产品的认知度。这种策略通常适用于快速吸引目标群体的注意力，特别是在品牌需要在短时间内建立起市场影响力时。

社群营销

通过建立和维护品牌相关的在线社群（如微信群、QQ 群、论坛等），可以持续与粉丝进行互动，增加粉丝的黏性和活跃度。此外，通过定期的活动和互动，还可以吸引新成员加入，从而实现自然而然的口碑传播。

在这方面，AI 可以通过自然语言处理（NLP）技术分析社群内的对话，自动回应常见问题，甚至预测和引导讨论的方向。AI 还能分析社群成员的行为模式和偏好，以定制更有效的互动策略和推广活动，从而提高粉丝的黏性和活跃度。另外，AI 也可以用来监测和优化社群广告的表现，确保广告内容的相关性和吸引力。

校园营销

校园是年轻人高度集中的地方，具有明显的市场潜力。通过在校园内开展相关活动，比如校园大使计划、主题演讲、赞助校园活动等方式，可以有效引起学生群体的兴趣和关注。AI 可以帮助分析校园市场的特点和学生的行为模式，例如通过数据挖掘学生在社交媒体上的活动和兴趣点。基于这些信息，AI 可以帮助定制校园内的营销活动，确保活动内容和方式能够有效引起学生的兴趣；也可以通过模式识别来优化校园大使的选择过程，确保选择的学生能够最大限度地代表和推广品牌。

> **消费场所合作**

与咖啡店、电影院、购物中心等高人流量的消费场所合作，通过设置互动展位或者举办小型活动，可以直接接触到潜在消费者。这种方式有助于品牌直接展示产品或服务，增加用户的体验机会。

4.5.5 经营社群

我们在看直播或者视频的时候，经常会发现"加我粉丝团"等内容，其实这就是营销者让客户或者观众加入他们的粉丝社群的方式，加入粉丝社群实际上就是为自己打造强大的粉丝团队。粉丝越多，社群越大，因此营销者能获得的流量也就越大。

对于粉丝群的经营，大部分可以依托AI来进行，比如可以使用AI来策划社群活动、策划方案等。

> **问：**
>
> 我的抖音账号，建立了几个粉丝团，请你为我的粉丝团定制一些社群活动和方案。
>
> **答：**
>
> 为您的抖音账号定制的社群活动方案可以围绕您账号的主题——家庭日常生活和成长故事，设计一些有趣的、能增强粉丝参与感和互动性的活动。下面是一些活动建议：
>
> 1. 家庭故事分享大赛：
>
> 活动内容：邀请粉丝分享他们的家庭趣事、成长故事或教育心得。
>
> 参与方式：粉丝可以通过短视频或图文分享他们的故事，并使用特定的

话题标签。

奖励机制：设置投票环节，让粉丝投票选出最受欢迎的故事，给予获胜者奖品或者直播时的特别提名。

2. 家庭才艺展示周：

活动内容：每周选择一个家庭相关的才艺（如烹饪、手工、园艺等），鼓励粉丝上传自己的才艺展示视频。

参与方式：通过抖音短视频展示才艺，使用特定话题标签参与。

互动环节：您可以在直播中评论粉丝的才艺，增加粉丝的参与感和归属感。

3. 家庭智慧问答挑战：

活动内容：定期发布与家庭生活、育儿经验相关的有奖问答。

参与方式：粉丝通过回答问题并标注好友参与，提升活动的传播度。

奖励机制：正确回答者可获得小礼品或抖音礼物。

4. 季节性家庭活动推荐：

活动内容：根据季节变化推荐不同的家庭活动，如秋天的户外烧烤、冬天的家庭影院夜等。

分享机制：鼓励粉丝尝试这些活动并分享体验，使用特定话题参与。

互动环节：对于粉丝的分享，您可以进行点评或者推荐更多类似活动。

5. 定期粉丝见面会：

活动内容：定期在线上组织粉丝见面会，可以是直播互动、Zoom 会议等形式。

参与方式：粉丝需要通过参与前述活动积累积分，积分达标者可参加见面会。

特色环节：见面会中可以设有亲子游戏、家庭教育经验交流等互动环节，增强粉丝间的联系。

这些活动方案不仅可以提高粉丝的活跃度和参与度，还能够进一步加强粉丝对您账号内容的认同感和归属感。我们可以根据粉丝的反馈和参与情况，使用 AI 来不断调整和优化活动内容。

4.6 短视频账号流量变现

诸如抖音、快手等短视频平台已成为创作者展示才华、吸引观众的重要舞台。随着个人影响力的逐渐扩大，如何将这些流量转化为实际收益，成了每个内容创作者关注的焦点。我们将在本节中探讨几种流行的流量变现方式：广告变现、直播变现、个人 IP 打造以及知识付费。这些方法不仅能帮助创作者实现经济利益的最大化，也为观众提供了丰富多样的互动体验。从广告植入到直播带货，再到打造个人品牌和知识付费课程，每一种方式都有其独到之处和实施策略。在 AI 时代，通过 AI 的辅助，这些变现方式的实施过程都变得更加简单。

4.6.1 广告变现

广告变现指的是通过为品牌方打广告，将短视频平台上的高观看量转化为直接的经济收入。这种方式通常涉及与品牌合作，在视频内容中插入商业广告，或者通过视频推广品牌的产品和服务。运营者可以根据自己的观众基础和影响力，与品牌商谈判确定广告费用。通过精准的受众定位和创意内容的呈现，广告变现不仅能为创作者带来稳定的收入来源，还能增加品牌的曝光度和用户的互动率。这种模式要求创作者保持内容的原创性和吸引力，同时确保广告的自然融入，以维持观众的忠诚度和观看体验。

但是对于短视频而言，插入一个几秒钟甚至十几秒的广告，观众无疑会对此产生一定的"厌恶"情绪。所以说，想方设法地消除广告的痕迹，将广告和视频融为一体是正确的选择。

短视频的平台中，运营者会采取很多方式来打广告，比如某某杯挑战赛、某冠名直播等，将广告融入其中，充当活动的赞助商等。

在 AI 时代，AI 工具恰巧可以为运营者想出很多打广告的好点子。

故事广告

所谓故事广告，就是用讲故事的方式，为观众讲广告。在抖音和快手平台的短视频中，经常会出现一些"我在拍视频的过程中，缺少一个好的设备，幸好有了某平台，上面的设备不仅质优，而且价廉……"的广告词，还有的用一个故事的方式展现某个广告。

但是这些故事广告，不只需要塑造一个个性化的人物，同时还要增加新鲜感和回味性，因此难度是非常大的。使用 AI，将这些变得非常简单。仍以"家庭日常生活和成长故事"的主题为例，分类去讲解，如何使用 AI 生成这些故事广告。

第一种：加入一段话来讲一个广告。

假设你是一位抖音运营的大 V，抖音账号的定位为"家庭日常生活和成长故事"，请你撰写一个视频文案，并在其中合适的位置，插入一则关于某某牌童装的广告。要求自然、有新鲜感，有回味性。

【视频开头】

镜头缓缓推入，阳光透过窗帘洒在温馨的客厅。小桌上，五岁的小宝正专心致志地拿着彩笔在画纸上挥洒。他的小手稚嫩，每一次颜色的选择都显得那么认真。

【视频中段】

画的是一个大大的太阳,旁边是家庭成员手拉手的样子,色彩鲜艳而生动。小宝的笑脸像画中的太阳一样灿烂,他穿着某某牌的彩色童装,那鲜艳的颜色与他画中的太阳互相辉映,给人以温暖和欢乐的感觉——"某某牌童装,给孩子的童年增添色彩"。

【视频结尾】

画完后,小宝兴奋地跑向镜头,展示他的作品。镜头拉远,背景音乐温柔地响起,画面渐渐模糊,转为文字:"每一个简单的日常,都是孩子成长的宝贵记忆。"画面最后定格在小宝洋溢的笑容上,温馨而回味无穷。

【视频文案】

这是小宝与太阳的故事,也是我们家的小幸福时光。分享这份纯真与欢笑,希望你们的每一天也能像小宝的画一样,色彩斑斓、温暖如初。

第二种:通篇使用一个广告来做一个视频文案。

问:

假设你是一位抖音运营的大 V,抖音账号的定位为"家庭日常生活和成长故事",请你撰写一个视频文案,文案的目的是要宣传某某童装。包括其材质、特性等内容。

答:

【视频标题】:"穿梭时光的童装,护航孩子每一个成长瞬间"

【视频文案】

【开头镜头】:视频一开始,画面是清晨的家庭客厅,阳光透过窗户洒在温馨的小卧室内。镜头缓慢推进,小朋友正在床上懒洋洋地伸个懒腰。

旁白："在孩子的世界里，每一天都充满了新奇和探索。"

【第二镜头】：切换到孩子穿衣的场景。展示某某童装的款式，孩子正在穿一件柔软的彩色 T 恤。

旁白："某童装，采用天然纤维材质，触感柔软，适合孩子娇嫩的皮肤。"

【第三镜头】：孩子在花园里奔跑玩耍，活泼跳跃的场景，镜头特写童装的弹性细节。

旁白："特别添加的弹力纤维，让每一个动作都自如舒展，无论是奔跑还是跳跃，都能自由自在。"

【第四镜头】：孩子在泥土中摔倒，然后起身，衣服上沾满了泥点。

旁白："高品质的耐污处理，让洗涤更加轻松，妈妈再也不用担心。"

【第五镜头】：母亲在洗衣机前取出洗好的童装，干净如新。

旁白："只需轻轻一洗，即可焕然一新。"

【结尾镜头】：孩子和父母一起在沙发上看书，穿着某童装的孩子靠在父亲的怀里，画面温馨幸福。

旁白："某童装，伴随每一次成长，记录每一个瞬间。"

【结束语】：画面逐渐模糊转黑，品牌 LOGO 渐显，"某童装，与爱同行。"

【文案描述】：本视频通过真实的家庭日常场景，突出展示某童装的舒适材质、弹性特性和易洗净的优点。通过孩子的活泼玩耍和家长的亲和照顾，展现产品如何融入并支持每个家庭的日常生活，强调其在孩子成长过程中的实用价值和情感意义。

创意广告

抖音和快手的运营平台中，有很多人渴望通过流量变现来实现账号的盈利。但是，在广告商给予账号运营者广告的时候，并不会告知他们广告的文案，所以短视频账号的运营者往往需要自己生成一个广告的创意，这时，可以通过 AI 工具来直接生成广告创意。

问：

假设你是抖音短视频运营的大 V，请你为某某牌化妆品套装，生成一个广告创意。

答：

好的，我会设计一个创意十足的抖音短视频广告流程，为某某牌化妆品套装推广。这个广告将通过一系列精心策划的画面和互动性强的内容，吸引观众的注意力，并促进产品的销售。以下是广告的具体步骤：

视频概念

主题："美丽转变" —— 展示前后对比，通过一天的时间线来展示使用该化妆品套装的变化效果。

视频流程

1. 开场（0~3 秒）：

屏幕分为两半，左边显示一位女性模特早晨起床时的自然面貌，右边屏幕暂时留白。

背景音乐：轻快且具有现代感的音乐起始。

2. 产品展示（3~6 秒）：

右边屏幕逐渐展示该化妆品套装的各个产品，如粉底、眼影、唇彩等。

快速剪辑显示产品特点和包装的优雅。

3. 应用过程（6~15 秒）：

左边的模特开始使用这些产品。使用过程中镜头特写，展示产品的细节和应用效果。

右边屏幕展示产品功效的文字描述，如"持久保湿""自然亮泽"。

4. 变化揭示（15~20 秒）：

通过快速的时间流逝效果，展示模特从早上到晚上的样子，突出化妆的持久效果。

屏幕合并，完整展示模特华丽的晚间妆容，与早晨形成对比。

> 5. 互动呼吁（20～25秒）：
>
> 模特对着镜头，以诱人的声音说："用某某牌，让你的美丽不打烊！"
>
> 屏幕出现扫码或点击链接购买的动态图标。
>
> 6. 结束语（25～30秒）：
>
> 屏幕上浮现品牌 logo 和口号，如："某某化妆品，美丽每一天。"
>
> 结束时留下一句鼓励关注和分享的话，比如"关注我们，美丽更多惊喜！"
>
> 特色元素
>
> 使用明星或网红代言：增加信任感和吸引力。
>
> 视觉效果：使用高质量的图像和视频效果，突出产品的高端感。
>
> 互动性：鼓励用户通过留言分享自己的化妆变化，使用特定话题标签来增加视频的曝光率。

4.6.2 直播变现

直播在短视频平台上的流行并非偶然，它是这些平台商业模式的关键部分。抖音和快手，作为领先的短视频平台，已经意识到直播不仅能增强用户参与度，还能直接推动销售，从而为平台带来显著的经济收益。

直播让观众能够与主播实时互动。通过评论、发送虚拟礼物等方式，用户可以即时与主播进行交流，这种互动性显著提高了用户的参与感和满意度。因此，用户往往会在直播平台上停留更长时间，从而提升了平台的用户黏性和活跃度。同时直播具有展示商品和服务的独特优势，主播可以实时展示商品详情，解答观众问题，并进行现场销售。这种直观的购物体验，通常称为"看中买"，极大地促进了即时购买决策，从而增加了销售额。直播还可以用于推广新产品或特殊优惠，吸引更多观众参与。

短视频平台通过直播吸引大量观众，然后通过广告、赞助和虚拟礼物等方式进行变现。主播和平台之间通常有分成模式，即平台根据礼物的销售额抽取一定比例的收入。品牌商也越来越多地通过直播与主播合作，以此方式进行产品营销，这进一步增加了平台的收入来源。

在直播的时候卖货，并不是随心所欲，想怎么说就怎么说，也是要有一定的文案的。我们可以和小红书一样，通过 AI 工具来撰写直播带货的文案。

第一种：类似于小红书种草文案。

> **问：**
>
> 假设你是抖音直播大 V，请你在直播的时候以亲身试验的方式，讲解某某精华霜的，最终起到带货的目的。
>
> **答：**
>
> 在直播带货的情景中，我会这样推荐某某精华霜：
>
> 大家好，欢迎来到今天的直播间！我是你们的小助理，今天要给大家介绍一款我最近特别喜欢的护肤产品——某某精华霜。
>
> 我们先来看一下这款精华的包装，非常精致高雅，拿在手上就有一种高级感。这款精华的主打成分是 xx，能有效帮助肌肤保湿和修复。非常适合我们这种经常熬夜、肌肤容易干燥的朋友们使用。
>
> 现在，我将现场为大家试用一下这款产品。首先，我们清洁皮肤，然后取出适量的精华液，可以看到质地非常细腻。我们轻轻点在脸上，然后用指腹轻轻按摩，帮助精华吸收。
>
> 大家可以看到，吸收之后我的皮肤看起来更加水润，有没有很有光泽感？这款精华霜使用起来非常舒服，不油腻，也不会有刺激感。
>
> 如果你也想让你的肌肤变得更加水润光滑，不妨试试这款某某精华霜。

> 直播间下方有购买链接,大家可以点击购买哦,数量有限,赶快行动吧!
>
> 希望今天的分享对大家有帮助,记得关注我,下次直播再见啦!

第二种:根据粉丝喜好来选择货品。

直播的目的就是要将货品售出,所以说,针对我们的货品,在直播之前,需要对每种货品有非常精练的卖货文案。

问:

假设你是一位抖音直播大 V,今天准备带货的货品如下。

请你为每个产品生成一个精练的卖货文案。

牛皮腰带、真丝丝巾、毛巾、牙刷、香皂……

答:

当然,这里是针对每个产品的精练的带货文案:

1. 牛皮腰带:

"看这款精品牛皮腰带,纯手工制作,质感细腻,耐用且经典。无论是正装还是休闲,都能为你的造型加分。限时特惠中,错过不再有!"

2. 真丝丝巾:

"这款真丝丝巾,色彩艳丽,触感柔滑,适合四季佩戴。不仅能搭配各种服饰,还能用作头巾或手包装饰。优雅不失风情,现在购买还有额外折扣哦!"

3. 毛巾:

"我们的毛巾选用优质纤维,吸水性强,柔软舒适,适合全家人使用。颜色多样,不掉毛,不褪色。健康生活,从一条好毛巾开始,速来抢购!"

4. 牙刷

"全新设计的牙刷,刷毛柔软且耐用,深入清洁牙缝,保护牙龈。人体工学手柄,使用更加舒适。为您和家人的口腔健康护航,现在下单即享优惠!"

5. 香皂:

"天然植物油制成的香皂,温和不刺激,适合各种肤质使用。泡沫丰富,洗后肌肤滋润不紧绷。多种香型可选,让你沐浴后香气宜人,感受自然的呵护。"

第三种:粉丝打赏抽成。

粉丝可以通过打赏礼物的方式来支持自己喜欢的主播,在这一方面,要了解粉丝的需求,粉丝观看直播的目的,其实很多时候并不是买货,而是为了某些情绪价值,因此在准备相应的直播时,就应当注意提前准备一些能给粉丝提供情绪价值的直播文案。

问:

我要开一场直播,主题是"育儿",请你为我准备一场直播的文案,目的是要给粉丝提供情绪价值,让粉丝深入我的直播之中。

答:

标题:【心连心】—— 在爱中共同成长的育儿之旅

直播简介:

在这个充满挑战的世界里,育儿是一段充满情感波动的旅程。今晚,让我们在这里相聚,用心交流那些令人泪目的育儿瞬间,一起寻找那些在挑战中涌现的温暖和力量,为孩子们的未来筑起爱的桥梁。

直播流程:

1. 开场白:

"在这个星光灿烂的夜晚,大家好!欢迎加入我们的直播间'心连心'。在这里,我们将一起分享那些触动心灵的育儿故事,感受作为父母的喜悦与挑战。"

> 2. 情感满溢的育儿故事分享：
>
> "每个家庭都有自己独特的故事，而这些故事中的每一个细节都充满了爱与牺牲的力量。接下来，我将分享几个深刻的育儿经历，让我们一同感受那些在普通日子里闪现的非凡情感。"
>
> 3. 深入探讨孩子的内心世界：
>
> "孩子们的内心如同未知的宇宙，充满了无限的可能。我们将探讨如何深入这个宇宙，更好地理解他们的感受，用最适合的方式去支持和引导他们，让爱在他们的生活中开花结果。"
>
> 4. 互动环节：家长心声分享与解答：
>
> "这个环节，属于你们。在评论区分享你们的育儿故事、困惑或者成功的秘诀，让我们在这片爱的海洋中相互扶持，共同成长。"
>
> 5. 情感丰富的结束语：
>
> "感谢每一位今晚与我同行的家长，你们的勇气和爱心是这个世界上最美的光。愿你们带着今晚的感动与启发，继续在育儿的道路上前行。记得，你们不是孤单一人，在这育儿的旅程上，我们永远是彼此的港湾。"

通过增强情感表达和强调父母与孩子间的情感联系，这样的文案能够更深地触动听众的心弦，使他们在直播中找到情感的归属感和支持。

4.6.3 个人 IP 打造

无论是刷短视频的观众，还是抖音、快手账号的运营者，他们对于"网络红人"这一词语都并不陌生。网络红人是如何打造的？其实就是在账号运营推广之初，给主播或者账号所有者的一个"人设"，其实就是自己给自己贴上的标签，无论是短视频还是直播，运营者都会以这个"人设"来要求自己。当账号所有者或者主播的粉丝数量累积到一定的程度时，这个账号就可以变成非常有影响力的IP。最终就可以实现用 IP 变现。

此处我们需要注意，IP 的打造是一个长期的过程，我们可以使用 AI 工具辅助我们进行个人 IP 的打造。仍以前文中的"家庭日常生活和成长故事"的账号定位为例，询问 AI 如何打造个人 IP。

问：

假设你是一位抖音的专业运营者，我所运营的账号主题为"家庭日常生活和成长故事"，请你为我打造一个个人 IP。请提供详细的步骤。

答：

创建一个抖音个人 IP 以展示家庭日常生活和成长故事需要注重内容的真实性和互动性。以下是详细的步骤：

1. 定义个人 IP 定位：

目标受众：确定你的目标观众（如年轻家庭、新手父母等）。

核心价值：突出家庭日常的温馨、成长的喜悦和教育的挑战等元素。

2. 制定内容策略：

内容类型：

日常记录：分享家庭成员的日常活动，如共同烹饪、外出旅行等。

成长故事：讲述家庭成员尤其是孩子的成长里程碑和学习经历。

教育经验：分享家庭教育的心得和技巧，例如亲子阅读、游戏教学等。

视频风格：确保视频风格亲切、自然，增强观众的情感共鸣。

3. 建立视觉和语言风格：

视觉统一性：使用固定的滤镜和色彩方案，建立一致的视觉风格。

标志和包装：设计统一的开场和结尾画面，使用易于识别的标志或动画。

4. 互动与社区建设：

定期互动：定时回复评论，与观众进行实时互动（如直播）。

> 话题挑战：发起或参与相关的抖音话题挑战，扩大曝光度。
>
> 合作：与其他类似主题或风格的抖音账号进行跨账号合作。
>
> 5. 内容规划与发布：
>
> 发布计划：设定一定的发布频率（如每周三次），并遵循一致的发布时间。
>
> 内容预告：在视频结束时预告下一期的内容，保持观众的期待和关注。
>
> 6. 监测与调整：
>
> 分析反馈：定期检查视频的观看数据和用户反馈，了解哪些内容受欢迎。
>
> 调整策略：根据反馈调整内容类型和发布时间等，以优化用户的观看体验和互动。

针对 AI 所提出的方式方法，我们可以随时进一步向 AI 发问，询问其具体的操作步骤。

4.6.4 知识付费

小红书的变现方式有知识付费，抖音快手也有知识付费，那么其中固然是有一定的不同之处的。

抖音和快手两个平台起初以短视频为主，吸引了大量寻求娱乐和快速信息的用户。它们的用户群体较为广泛，涵盖各种年龄层。因此，在这些平台上进行知识付费时，内容往往需要更加直观、易懂和具有娱乐性，以迎合大众口味。小红书则更多被视为一个分享和发现生活方式的平台，其用户群体受教育水平较高，更注重内容的深度和质量。小红书上的知识付费内容往往需要有更丰富的信息和翔实的背景介绍，且更注重实用性和专业性。

从内容形式和变现方式上来说，抖音快手两个平台的知识付费通常采取直播或短视频教学的形式，适合进行快速的技能传授和知识点讲解。此外，它们还支持通过打赏、开设会员课程等方式进行变现。内容制作需要迅速抓住观众注意力，并在短时间内传递价值。而在小红书上，知识付费内容更倾向于通过图文和长视频进行深入解析。此平台支持创建更为系统的课程或教程，适合于深度教学和长期互动。变现方式也可以包括直播售卖、付费图文和联盟营销等。

在用户互动与信任建立方面，抖音和快手两个平台上的互动即时，例如直播中的互动和弹幕。知识付费者需要快速建立起观众的信任，常通过展示实际效果或案例来增加说服力。小红书的用户更注重内容的真实性和可靠性，因此内容创作者需要投入更多的时间去构建自己的专业形象和信誉，如通过详细的教程和案例分析来证明其专业能力。

所以针对其不同点，知识付费变现的方式也略有不同。

问：

请你结合抖音快手的特点帮我策划一期"育儿"的知识普及文案。

答：

基于抖音和快手平台的特点，以下是一个适合这些平台的"育儿"知识普及的文案策划，包括主题、内容框架和互动方式的建议：

主题：《宝宝睡前习惯——打造安睡小环境》

目标受众

年轻的父母，特别是初为人父母者，他们经常在处理宝宝的睡眠问题上感到困惑和无助。

内容框架

1. 引入：

开场短视频：用一段温馨的画面开始，展示一位年轻妈妈在轻轻安抚即将入睡的宝宝，背景音乐轻柔，营造出安静和谐的氛围。

2. 问题阐述：

短视频说明：简短地介绍睡前习惯对宝宝健康和发展的重要性，例如："您知道吗？良好的睡前习惯不仅能帮助宝宝更快入睡，还能提高睡眠质量，对宝宝的成长发展至关重要！"

3. 解决方案：

视频教学：分几个短小的视频片段，每个视频聚焦一个具体的睡前习惯建议，例如：

环境准备：展示如何营造一个安静、舒适的睡眠环境（柔和的灯光、舒适的温度）。

睡前活动：介绍适合的睡前活动，如轻柔的音乐、安静的故事时间。

亲子互动：示范如何通过抚触和轻柔的话语与宝宝互动，增加宝宝的安全感。

实操演示：实际展示这些技巧的操作过程，使观众能够直观学习和模仿。

4. 互动提问：

在每个视频的结尾，引导用户参与互动，例如："您还有哪些宝宝睡前习惯的小技巧？快来评论区分享一下吧！"

5. 总结：

最后一个视频总结重点信息，再次强调规律的睡前习惯对宝宝健康的好处，并鼓励父母坚持实施。

互动方式：

问答互动：鼓励观众在评论区提问，定期选取问题进行回答，增强用户的参与感。

> 打赏功能：开启直播答疑环节，通过打赏功能激励更多用户的参与和互动。
>
> 挑战标签：创建一个宝宝安睡挑战的标签，鼓励父母上传自家宝宝的睡前准备视频，分享他们的成功经验。

通过上述策划，可以充分利用抖音和快手的短视频和直播特点，提供实用的育儿知识，同时通过互动环节加强观众的参与感和讨论，达到更好的知识普及和用户黏性提升的效果，最终达到知识付费变现的目的。

从以文案为主到以图片为主,再到以短视频为主,视频行业飞速发展,各类视频平台不断涌现。视频已经成为人们生活中的一部分。哔哩哔哩(简称 B 站)作为视频行业中的代表,其拥有较为完善的内容生产模式,而且用户黏性较高,视频传播速度快,尤其是弹幕文化更对众多 UP 主有非常大的帮助。在 B 站的运营推广中,有什么技巧,AI 时代 AI 工具又有什么样的助力呢?

B 站的主页如图 5-1。

图 5-1 B 站主页面

5.1　B站介绍

5.1.1　B站

B站（哔哩哔哩，Bilibili）是中国领先的综合性视频平台，以其独特的弹幕互动功能和丰富的内容生态闻名。平台最初专注于ACG（动画、漫画、游戏）文化，凭借"兴趣使然"的社区文化吸引了大量年轻用户，逐渐扩展至涵盖科技、历史、教育、生活等多元内容。用户可以通过B站观看、分享、直播或学习，实时弹幕评论不仅增强了观看的互动性，也成为平台的标志性特色。此外，B站的UP主（创作者）生态持续繁荣，涵盖从专业制作到日常分享的内容类型，形成了丰富多样的兴趣圈层。

经过多年的发展，B站从一个二次元社区成长为综合性内容平台，并在商业模式上多元化布局，包括会员订阅、广告收入、直播打赏、游戏联运以及电商销售等。目前，B站已成为年轻人娱乐与学习的理想平台，不仅传播知识、促进多元文化交流，也在内容审核和社区规范方面不断优化，展现出强大的社会影响力与成长潜力。

B站的弹幕功能是一种实时互动的评论形式，用户在观看视频时可以发送文字评论，这些弹幕会以动态的方式从屏幕一侧滑过，与其他观众的评论交织在一起，形成独特的观看体验。这种互动不仅增强了用户的参与感，还创造了社群氛围，使观众在观看过程中能够即时分享感受、表达观点，甚至形成特定的视频"弹幕梗"，弹幕也成为B站最具特色的文化符号之一。

5.1.2 UP 主

UP 主是一个网络流行词语，谐音为"阿婆主"，其主要指的是在视频网站、论坛等各个平台上上传视频和音频文件的人。

UP 主是视频分享平台上的创作者，在 B 站，UP 主是内容生态的核心驱动力。他们通过上传视频、音频等多媒体内容与观众互动，涵盖从专业制作到个人兴趣的广泛领域。UP 主不仅是 B 站内容的创造者，也是社区文化的传播者和引领者。

UP 主的类型

根据创作内容和受众群体的不同，UP 主大致可分为以下几类：

二次元类 UP 主：专注于动漫、游戏、漫画等内容，通常通过剪辑、翻唱、配音等形式创作。

知识类 UP 主：传播科学、技术、人文历史、编程等知识，内容以科普或教学为主。

生活类 UP 主：记录日常生活、旅行、美食体验，分享个人观点和生活方式。

游戏类 UP 主：制作游戏攻略、直播解说或趣味视频，吸引大量游戏爱好者。

音乐与舞蹈类 UP 主：以原创音乐、翻唱、舞蹈为核心内容，展示才艺。

娱乐类 UP 主：包括搞笑视频、短剧、娱乐点评等内容，以轻松幽默的形式吸引观众。

UP 主的创作工具与能力

视频剪辑和制作：许多 UP 主掌握专业的剪辑软件，如 Premiere、After Effects 等，用于制作高质量的视频内容。

创意策划：UP 主通常需要策划内容脚本、设计主题，以吸引观众注意。

互动与运营：通过评论、弹幕、私信等与观众互动，并通过标题、封面等方式优化内容传播效果。

跨平台推广：部分 UP 主不仅活跃在 B 站，还在微博、抖音等平台扩大影响力。

UP 主的收入来源

UP 主可以通过多种方式获得收入：

创作激励：B 站根据视频播放量、互动量等给予创作者现金奖励。

打赏与充电：观众可以通过虚拟货币（如"B 币"）支持 UP 主。

广告与合作：UP 主与品牌合作，通过视频推广产品或服务。

电商与周边：一些 UP 主自创品牌或销售周边产品。

直播收入：通过直播打赏获得收益。

UP 主不仅是 B 站内容的生产者，更是平台文化的核心推动者。他们通过持续创作吸引粉丝，构建起活跃的社区生态。一些知名 UP 主还具备强大的社会影响力，能够引发舆论讨论、传播知识，甚至参与公益活动，为社会正能量的传播贡献力量。

5.1.3 B 站分区简介

B 站按照内容建立了很多分区,在 B 站的运营推广过程中需要对 B 站的分区做深度了解,从而能找到自己账号的定位。

番剧

B 站的番剧分区是平台最受欢迎的内容板块之一,专注于动画类视频的播放和分享。这个分区汇集了海量的正版番剧资源,是 B 站面向二次元爱好者的重要内容输出平台。番剧分区的内容类型丰富,涵盖了连载动画、完结动画以及一些特别策划的作品。连载动画通常是与日本动漫公司同步更新的最新作品,而完结动画则为观众提供了经典系列的完整观看体验。

B 站通过与国内外版权方的合作,确保了番剧资源的正版性和更新的时效性。近年来,B 站在番剧内容上投入了大量资源,不仅购入了热门番剧的版权,还积极参与部分动画作品的联合制作或独家发布。这种策略不仅提升了用户体验,也奠定了 B 站作为二次元文化重要平台的地位。B 站的番剧界面如图 5-2。

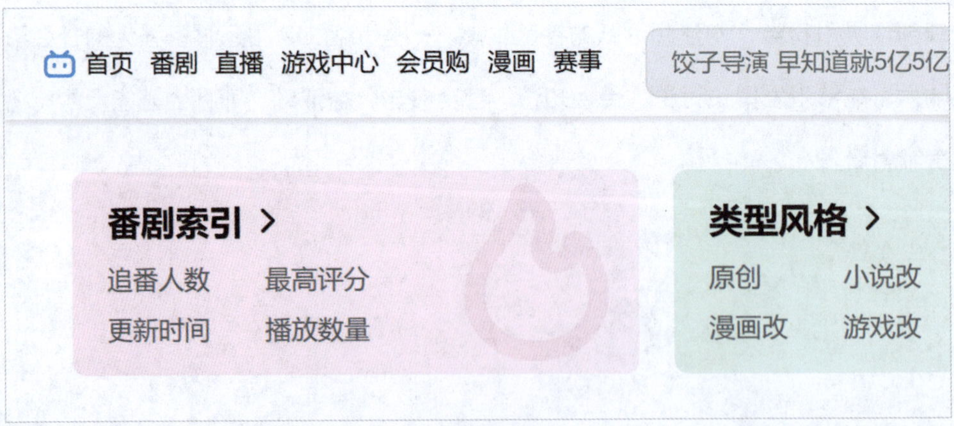

图 5-2 B 站番剧界面

直播

B 站的直播功能是平台的重要内容板块，涵盖了游戏直播、才艺展示、娱乐互动、知识分享等多种形式。用户可以通过直播与主播实时互动，包括发送弹幕、赠送虚拟礼物等，增强了参与感和营造了社群氛围。B 站直播以其独特的二次元特色和多元化内容吸引了大量用户，同时为 UP 主提供了与粉丝直接交流和创收的渠道。B 站的直播内容还注重与平台的其他分区联动，如番剧解说、电竞赛事等，进一步丰富了用户的观看体验，其界面如图 5-3，其中包括网游、手游、单机游戏、娱乐、电台、虚拟主播和互动玩法等。

图 5-3 B 站的直播界面

游戏中心

B 站的游戏中心是平台的重要功能模块，汇集了丰富的游戏资源和社区互动功能。用户可以在游戏中心下载、试玩各类手游和端游，包括 B 站独家代理的热门游戏以及经典的第三方游戏。同时，B 站通过游戏推荐、排行榜、攻略专区等功能，帮助玩家发现感兴趣的游戏内容。游戏中心还与社区紧密结合，用户可以通过弹幕、评论和视频分享心得，与其他玩家交流。作为重要的商业板块之一，游戏中心不仅是玩家娱乐的好去处，也是 B 站与游戏厂商合作的重要平台。

漫画

B 站的漫画板块是平台内容生态的重要组成部分，为用户提供了一个专属的在线阅读空间。这个板块通过多元化的内容和分类，吸引了不同兴趣的爱好者，满足了用户对漫画的多样需求。漫画板块的内容涵盖了热血、古风、玄幻、奇幻、悬疑、都市、历史、武侠仙侠等丰富类别，每个分类都提供了大量优质作品，从国内原创到海外引进，充分展现了漫画艺术的多样性。这种丰富的内容分类和高度互动的阅读体验，使得 B 站的漫画板块不仅是用户消遣娱乐的好去处，也是漫画创作者展示作品的重要平台，同时在推动国内漫画文化的发展。

赛事

B 站的赛事板块是平台为电竞爱好者打造的专属内容中心，涵盖了丰富的赛事直播、回放、数据复盘和互动功能，成为用户了解、观看和参与电竞赛事的重要渠道。通过与多个顶级电竞赛事的合作，B 站赛事板块提供了广泛的内容，包括英雄联盟全球总决赛（S 赛）、王者荣耀职业联赛（KPL）、DOTA 2 国际邀请赛（TI）等国际国内知名赛事，满足了电竞观众对多样化赛事的需求。

赛事板块的直播功能以高画质和稳定的传输技术为基础，为观众提供沉浸式的观赛体验。不仅如此，用户还可以通过弹幕功能实时互动，与其他观众分享观赛感受，形成独特的社区氛围。对于错过实时直播的观众，赛事板块提供完整的比赛回放，让用户能够随时重温精彩瞬间。

除了基础的观看功能，B 站赛事板块还推出了特色的趣味互动玩法，例如赛事预测、竞猜活动等，鼓励用户参与赛事讨论。这种互动不仅提升了观赛的乐趣，还增强了用户与平台之间的黏性。对于深度玩家来说，B 站还提供详细的赛事数据复盘，包括战队表现、选手数据和比赛战术分析，帮助用户全面了解比赛内容。

此外，B 站赛事板块还注重玩家创作内容的挖掘和推广，用户可以上传与赛事相关的二次创作内容，如赛事解说、精彩片段剪辑、战术分析等，进一步丰富了赛事板块的内容生态。这种社区化的内容创作和分享方式，既活跃了电竞爱好者之间的交流，也增强了赛事的长尾影响力，如图 5-4 所示。

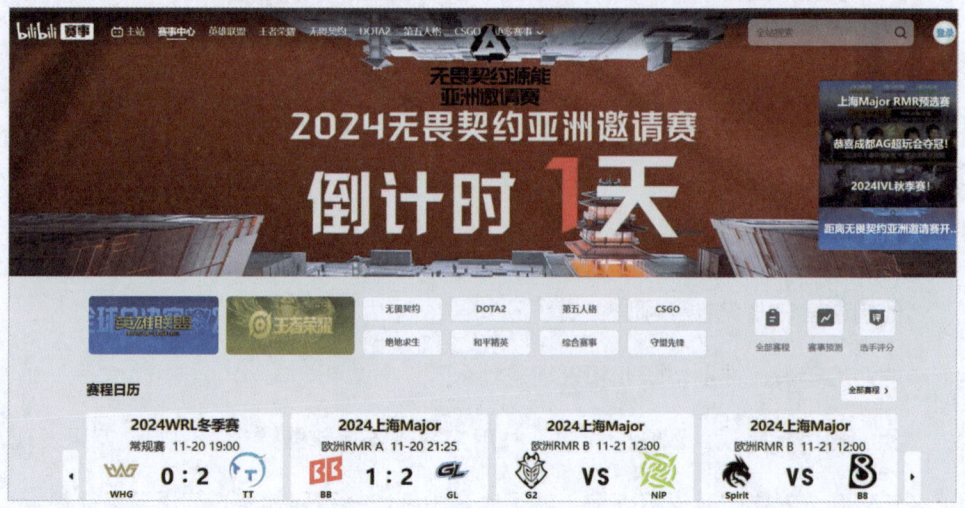

图 5-4 B 站的赛事板块

5.1.4 B 站定位

B 站的内容分区有很多,如果想要在 B 站运营发展,首先需要对自己的账号进行定位。所谓定位,也就是要为 B 站的运营确定一个方向,为内容发布指明方向。

找对自己能力的定位

在这一步,我们需要诚实地评估自己的技能和兴趣。思考以下几个问题:

我擅长什么?(例如:视频制作、写作、演讲、游戏、教育等。)

我对哪些领域有深入的了解?(例如:特定的游戏、科技产品、教育领域、娱乐内容等。)

我的兴趣在哪里?我最热衷的是什么?

了解自己的强项和兴趣是制作引人入胜内容的基础。例如,如果我们对游戏有深入的了解并且善于讲解,那么可以考虑定位在游戏解说或游戏策略分享。

用户需求确定目标定位

分析并了解潜在观众:

他们需要什么类型的内容?

他们通常在 B 站搜索哪些关键词?

他们的年龄、性别、职业和兴趣是什么?

我们的目标是找到观众的需求,并用内容来满足这些需求。例如,如果发现很多年轻观众对学习英语感兴趣,就可以考虑制作一系列有趣的英语学习视频。

平台内容的稀缺口子定位

研究 B 站现有的内容，找出尚未饱和的细分市场：

哪些类型的内容过于饱和？

哪些类型的内容尚未被充分开发？

有哪些新兴的趋势还未被大多数创作者注意到？

选择一个相对稀缺的内容领域可以帮助我们快速建立观众群。例如，如果大部分健身视频都集中在健身房训练，可能可以考虑专注于家庭健身或户外健身，这样的内容可能更受欢迎。

品牌形象的特色定位

最后，我们还需要建立一个独特的品牌形象：

品牌代表什么？

想让观众如何看待你的频道？

视觉和语言风格是什么？

例如，如果我们的频道专注于科技评论，那么可能想要一个专业而清晰的品牌形象，这可以通过使用高质量的视频制作和提供深入的分析来实现。

通过这四个步骤，可以更有效地定位你的 B 站账号，确保内容既符合自己的兴趣和能力，也满足市场需求，同时具备独特性，从而在 B 站上建立强大的个人或品牌影响力。

5.2　B站账号认证运营

B站账号运营中的一个关键步骤是进行账号认证,也被称作官方认证。这种认证不仅是身份的象征,显示账号的特殊性和权威性,同时能显著提升账号在平台上的可见度和影响力。官方认证通常意味着账号被B站认可,符合其一定的标准和要求,这可以是内容质量、用户互动或其他相关标准。

认证账号在B站的算法中会获得更高的权重,这直接影响到内容分发和展示的频率,从而增加视频被更广泛观看的机会。官方认证还可能带来更多的合作机会和品牌曝光,因为企业和品牌倾向于与认证账号进行合作,这样可以保证一定的内容质量和观众基础。

打开B站官网,点击登录账号,如图5-5。

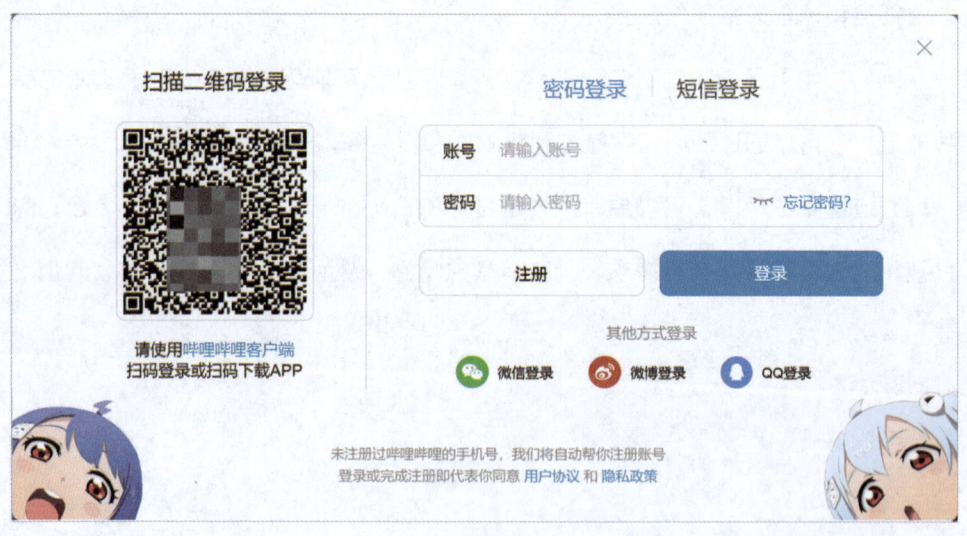

图5-5　B站登录页面

登录后,点击头像,打开个人信息,如图 5-6。

图 5-6 B 站个人信息页面

在个人信息页面的右侧,点击"点此申请 bilibili 认证",如图 5-7。

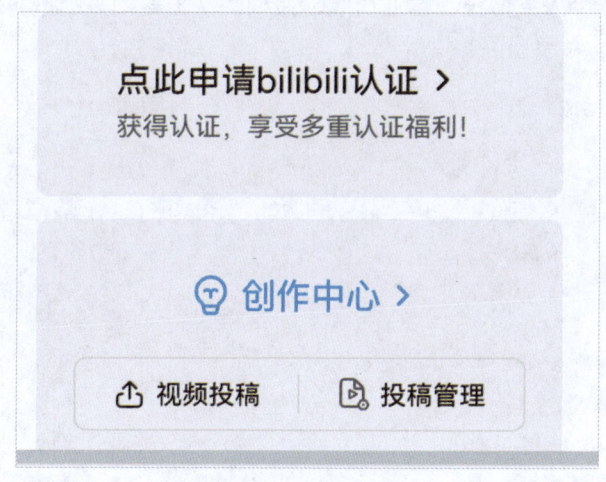

图 5-7 B 站申请认证页面

在跳转的页面中，我们可以选择个人或者机构认证，如图5-8。

图5-8 B站个人或机构认证页面

根据提示即可完成个人或者机构认证，需要注意的是知名UP主要求粉丝数量大于等于10万，而大V达人则需要站外粉丝数大于等于50万。如果是企业认证，那么就需要准备个人身份证、营业执照、授权确认函等相关的资料。

5.3 B 站视频创作

获取浏览量意味着我们的视频创作要从头开始精雕细琢。很多用户在查看视频的过程中都会根据视频的标题和封面决定要不要观看这个视频,之后还会根据视频的内容和质量决定要不要继续看下去。本节将从视频创作的角度来阐述如何使用 AI,将这一过程简化。

5.3.1 标题创作

标题对于视频有非常大的影响,那么如何打造爆款标题呢?这主要有以下几点核心内容。

突出重点

标题需要直接传达视频的核心内容或最吸引人的部分,这样观众一看到标题就能快速理解视频要讲述什么。简洁明了的标题更容易被记住,同时方便搜索引擎抓取和推荐给感兴趣的观众。例如,如果视频介绍如何快速提升摄影技巧,标题应直接反映出这一点,如"五分钟教你掌握专业摄影技巧",这样既清晰又具吸引力。

切忌"挂羊头卖狗肉"

运营者不要用与视频内容不符的标题来吸引观众。这种做法虽然可能在短时间内增加点击率,但长期来看会损害观众对创作者的信任和频道的整体声誉。观众被误导后感到失望或愤怒,可能不再回来观看更多视频,甚至会减少频道的订阅者数量。因此,标题应该真实反映视频内容,避免使用夸张或误导性的字眼。

掌握"词根"增加曝光

视频标题的撰写,要充分考虑如何吸引目标受众的关注。也就是要考虑标题中的"关键词"是否有词根。词根是指词语的组成根本,加入词根,才能让标题的曝光率变高。比如说"十分钟学会唱歌",其中的"唱歌"就是这个标题的"词根"。

据此我们可以让 AI 从以上三点来为我们撰写一个视频的标题,假设我们定位一个"餐饮"主题的视频账号,要发布一个"锅包肉"做法的视频。

问:

假设你是一位 B 站的 UP 主,有一个账号为" 餐饮"主题,我准备发布一个"锅包肉"做法的视频,现在请你为我生成 10 个待选标题,要求突出重点,不要"挂羊头卖狗肉",要有明确的"词根",增加视频的曝光量。

答:

很好!下面是 10 个关于"锅包肉"做法视频的待选标题,这些标题设计上都尽量简洁明了,突出主题,同时使用了常见的关键词以提高搜索引擎的优化效果:

1. 【美食制作】一学就会的经典锅包肉做法。
2. 如何在家做出餐馆级别的锅包肉?完整教程!
3. 锅包肉制作秘诀大公开,保证成功!
4. 新手也能轻松掌握的锅包肉家庭版做法。
5. 学做地道东北锅包肉,香酥可口的正确步骤。

6. 从选材到成品：锅包肉全过程详细教学。

7. 厨房小白必看：简易锅包肉做法，原来这么简单！

8. 打造完美晚餐：自制酸甜可口的锅包肉。

9. 锅包肉 DIY，掌握这些技巧，效果倍儿棒！

10. 快速学会正宗锅包肉，让味蕾跳舞的秘诀！

这些标题中包含了明确的指示和吸引人的元素，希望能帮助您的视频吸引更多观众！

5.3.2 标题的类型

视频运营中，标题其实能决定一个视频一半以上的流量，常见的标题有以下几种类型。

借势类型

借势类型的标题通过结合当前热点新闻、流行文化、重大事件或公共话题来吸引观众。例如，在一部电影上映期间，发布与该电影相关主题的视频可以吸引电影粉丝。这种类型的标题通常会包含热点关键词或直接提及时事，从而在搜索引擎和社交媒体上获得更高的可见度。通过这种方式，视频可以借助外部事件的流行度来增加自身的关注度，但同时需确保内容与标题紧密相关，以避免观众的失望感。

价值类型

价值类型的标题直接向观众传达观看视频后能够获得的具体益处。这类标题常见于教学、技巧分享或产品评测视频。例如，一个标题可能是"五分钟学会日常英语对话"，它明确告诉观众观看后能够获得的实际应用技能。这种类型的标题具有很强的吸引力，因为它承诺了明确的回报，满足了观众学习新技能或改善生活方式的需求。

揭露类型

揭露类型的标题设计来揭示某些不为人知的信息或事实，通常用于引起震惊或好奇。这种标题可能涉及阴谋论、未公开的秘密或某些重大发现，如"揭露某品牌背后的真相"。这类标题的吸引力在于人们对未知和秘密的自然好奇心，但制作者需要谨慎处理信息的真实性和准确性，以免误导观众。

警告类型

警告类型的标题通常用于引起观众的关注和自我反思，可能涉及安全警告、健康提醒或道德警示。例如，"不看后悔系列：智能手机如何毁掉你的睡眠？"这种标题的策略在于使用强烈的语言和情感调动观众的恐惧或担忧，促使他们点击和观看，同时传达重要信息或教育内容。

悬念类型

悬念类型的标题利用悬念或问题来激发观众的好奇心，如"你知道谁是真正的游戏王者吗"这种标题的关键在于创建一个问题或情境，观众需要通过观看视频来解答或解决。这种类型非常有效，因为它直接挑战观众的好奇心和求知欲。

福利类型

福利类型的标题通常给观众一种即刻从观看视频中获益的印象。这类标题可能包含"免费""赢取""独家优惠"等词汇，如"观看本视频，免费获取限量版电子书"。福利类型的标题能够迅速吸引那些寻求实际价值和奖励的观众。

励志类型

励志类型的标题通过分享成功故事或积极的生活方式改变来激励观众。这些标题通常以第一人称的形式展现，如"我是如何从债务中走出来的"，旨在与观众建立情感联系，鼓励他们相信改变是可能的。这种类型的标题吸引那些寻求灵感和动力的观众，帮助他们在个人生活或职业上取得进步。

根据所归纳出的几种标题类型，我们可以直接让 AI 为我们生成不同类型的标题。比如仍以上面的"锅包肉"菜谱视频创作为例，让 AI 帮我们生成一些不同种类的标题。

> **问：**
>
> 假设你是一位 B 站的 UP 主，有一个账号为 "餐饮"主题，我准备发布一个"锅包肉"做法的视频，现在请你为我生成 10 个待选标题，要求突出重点，不要"挂羊头卖狗肉"，要有明确的"词根"，增加视频的曝光量。
>
> 现在提供 7 种标题的类型，请筛选出其中适合我的视频的标题类型，每个合适的类型提供至少三个标题。
>
> 7 种标题类型：
>
> 略。

适合"锅包肉"做法视频的标题类型及示例

对于"餐饮"主题的 B 站 UP 主发布"锅包肉"做法的视频,以下三种标题类型最为适合:价值类型、揭露类型和励志类型。这些类型可以有效吸引目标观众,同时增加视频的搜索引擎优化和观看率。

价值类型

1. 一学就会!锅包肉家常做法大揭秘。

2. 锅包肉制作教程:5 步骤到专业水平。

3. 独家秘籍:如何在家做出饭店级锅包肉。

揭露类型

1. 家庭版锅包肉制作秘诀,原来这么简单!

2. 不为人知:锅包肉里的厨师小技巧。

3. 揭秘真正的东北锅包肉,你做对了吗?

励志类型

1. 从厨房小白到锅包肉高手的自学之路。

2. 我的锅包肉自学成功记:不出门也能吃到地道美味。

3. 看我如何一步步学会家庭版地道锅包肉。

这些标题既包含了明确的关键词如"锅包肉"和"做法",又能通过不同的情感诉求吸引观众点击和学习。每个标题都注重表现视频的教育价值和实用性,确保观众能从中获得具体的学习成果。

5.3.3 内容创作

一个好的视频的文案，一定可以快速吸引 B 站用户的注意力，让发布的账号快速吸收粉丝，而视频文案和小红书、抖音快手短视频的视频文案是不同的，那么如何才能写好 B 站的视频文案呢？这要做到以下几点。

精准定位

精准定位对于 B 站的 UP 主至关重要。账号的内容定位应明确且专一，这有助于建立起明确的品牌形象和吸引特定的观众群体。例如，若主打餐饮视频，应坚持发布与餐饮相关的内容，从专业的烹饪技巧到家常菜做法等。同理，若是美妆账号，则应聚焦于美妆技巧、产品评测等相关视频。这种专一性不仅有助于提升用户的忠诚度，还能增强频道的专业性，从而在同类型的众多账号中脱颖而出。

表达方式要符合观众

B 站的用户群体以年轻人为主，因此文案的表达方式应轻松、幽默且充满创意。要根据目标观众的偏好调整语言风格，如使用流行的网络用语、梗，或者引入动漫、电影中的热门元素，以此来增强共鸣。同时，文案应简洁有力，能够在短时间内传达视频的核心内容和吸引点，使观众能迅速抓住视频的亮点，激发他们的观看兴趣。

弹幕要求视频有互动性

弹幕是 B 站文化的重要组成部分,它不仅提升了视频观看的趣味性,也增强了观众之间的互动。优秀的视频文案应鼓励观众参与到视频的互动中来,如通过设置问题、引发讨论或者调查,激发观众留言和发送弹幕。例如,可以在视频中提出"你有什么不同的看法"或"你试过类似的经历吗"等互动性问题。此外,视频中的某些设计,如预设的悬念或意外的转折,都能有效促进观众使用弹幕进行实时反馈。

根据上面的内容,我们可以使用 AI 工具辅助生成视频文案。

> **问:**
>
> 假设你是一位 B 站的 UP 主,有一个账号为" 餐饮"主题,我准备发布一个"锅包肉"做法的视频,我为视频选定的题目为:家庭版锅包肉制作秘诀,原来这么简单!
>
> 请结合 B 站视频内容创作的技巧要求,为我生成一个视频的文案,其中要包括转场或者各个分镜的镜头。
>
> **答:**
>
> 为你的"锅包肉"做法视频撰写一个吸引 B 站观众的文案,包括转场和分镜设计,可以按以下结构来进行:
>
> 视频文案:《家庭版锅包肉制作秘诀,原来这么简单!》
>
> 开场
>
> 【镜头】:直接切入一张精美的锅包肉特写镜头,锅包肉色泽金黄,配上动态的蒸汽效果。
>
> 【旁白】:"大家好,今天我将带大家一起探索如何在家轻松做出地道的东北名菜——锅包肉!跟着我,让我们把这道美食带到你的餐桌上!"

材料介绍

【镜头】：镜头慢慢推进展示各种食材和调料，如切片后的猪里脊肉、鸡蛋、淀粉、醋、糖等。

【旁白】："准备好这些简单的材料，我们就可以开始了！"

制作过程

第一步：裹粉炸肉

【镜头】：显示肉片裹上鸡蛋液和淀粉的过程，然后转到热油锅中炸至金黄。

【旁白】："首先，将肉片裹上一层鸡蛋液，再裹上一层干淀粉。记住，油温必须足够热才能使肉片外皮酥脆。"

第二步：制作酸甜酱汁

【镜头】：调酱料的过程，将醋、糖、水和少许调料混合。

【旁白】："接下来，我们调制酸甜酱汁，醋和糖的比例是关键。"

第三步：翻炒

【镜头】：热锅冷油，倒入酱汁，快速翻炒均匀，再将炸好的肉片快速拌入酱汁中。

【旁白】："最后，将酱汁烧开后，迅速把炸好的肉片倒入锅中，快速翻炒均匀，让每一片肉都裹上美味的酱汁。"

结尾

【镜头】：镜头最后定格在成品锅包肉上，伴随着家人的赞叹声。

【旁白】："看，制作锅包肉就是这么简单！快试试看，在家也能做出饭店的味道。如果你喜欢这个视频，别忘了点赞和订阅哦！下次见！"

转场提示

在每个制作步骤之间加入简短的过渡动画，如食材图标的飞入飞出，增加视觉趣味性。

音乐选择轻快的背景乐，以维持观看的愉悦感。

这样的视频文案结构清晰，既展示了制作过程，又保持了视频的节奏和观众的兴趣。通过具体的镜头运用和旁白指导，可以有效地引导观众学习并尝试制作锅包肉，因此这个视频也有可能成为爆款视频。

5.3.4 视频拍摄构图

作为一个 B 站视频的 UP 主或者运营者，可能对于视频拍摄方面并不是很精通，这个时候就可以借助 AI 工具，让 AI 工具为我们提供一些拍摄过程中的构图技巧。

以拍摄风景类视频为例，可以按照以下方式直接询问 AI。

> **问：**
>
> 我要拍摄一个风景类的视频场景，作为 B 站的运营者，请你从摄影的角度来为我讲解如何构图才能凸显美感。请详细讲解，我的拍摄主体如果有所变化，应当如何构图。
>
> **答：**
>
> 构图是摄影中至关重要的一个环节，它直接影响到画面的视觉效果和观众的观看体验。以下是几种经典的构图技巧，你可以根据拍摄的主体和环境来灵活运用这些原则，以凸显风景视频中的美感：
>
> 1. 规则的三分法：
>
> 三分法是风景摄影中最常用的构图技巧之一。将画面虚拟分为三等分，水平和垂直线各两条，形成九宫格。主要的景物如山峰、建筑或树木应放置在这些线交叉点或线条上，这样的布局更能吸引观众的注意力，同时让画面看起来更平衡和谐。
>
> 变化主体：无论你的主体是一座山、一棵树还是一条河，都可以通过调整位置，使其位于这些重要的交叉点或线条上，从而突出主体。

2. 前景的加入：

在风景摄影中加入前景元素可以增加画面的深度感和立体感。前景可以是一块岩石、一束花或其他任何能引导观众视线的物体。通过前景引导观众的视线深入画面中的主景和背景。

变化主体：如果改变主体，确保前景能与新的主体协调，帮助引导观众的视线，增强故事感。

3. 引导线：

使用道路、河流、篱笆或其他线条明显的元素作为引导线，可以引导观众的视线流动，自然地引入画面的主要部分。引导线是构建画面动态的有效方法。

变化主体：根据主体的变化，调整引导线的起点和终点，确保它们能有效地引领观众的目光，增强视觉冲击力。

4. 对称与平衡：

对称构图给人以平衡、和谐的美感。在拍摄如湖面倒影、建筑物等场景时，可以利用对称，让画面两侧内容呼应，达到视觉平衡。

变化主体：如果主体具有对称性，可以将摄影机对准中心，强调这种对称；若主体不对称，应寻找其他元素来平衡画面，如通过摆放其他对象或利用光影效果。

5. 视角与层次：

改变拍摄角度和视角可以极大地影响构图的效果。尝试从高角度、低角度或不同的侧面拍摄，这些变化能够给观众带来新鲜感，并展示景物的不同层次。

变化主体：适应不同的拍摄主体，例如从低角度拍摄高大的树木，或从高处向下拍摄城市景观，都能突出不同的视觉层次。

针对 AI 的构图解释，如果想要获取更进一步的解释，也可以继续追问。

请详细解释一下"三分法"的构图方法。

"三分法"是一种非常流行且实用的摄影构图方法,它能帮助摄影师拍摄出更加平衡和吸引人的照片。使用这种方法,画面被虚拟划分为三个等宽的竖列和三个等高的横行,这样就形成了九个相等的小区块。

如何应用三分法:

1. 画面分割:想象你的相机屏幕或者画面被两条水平线和两条垂直线分割成九宫格。这些线的位置大约是在画面的三分之一和三分之二的位置。

2. 放置主题:将画面中最重要的元素(比如一个人、一座山、一棵树等)放在这些线的交叉点上,或者使主要元素沿着这些线之一排列。因为研究表明,人的视线往往首先会被吸引到这些交叉点上,而不是画面的中心。

3. 水平线位置:对于风景照片,水平线(如海平面或地平线)放在上方或下方的三分之一线上,可以帮助创建更有趣的画面。如果天空很漂亮,你可能会想让天空占据上面的两个三分之一;如果地面的景色更吸引人,就让地面占据较大的画面部分。

优点:

平衡与自然:三分法创造的构图通常看起来更自然、更平衡。

视觉引导:这种方法引导观众的视线流动,自然地探索整个画面。

灵活性:三分法提供了一个简单的框架,但还允许足够的灵活性来适应不同的拍摄场景和主题。

例子:

想象你在拍摄一个海边日落的场景,你可以将海平线放在下方的三分之一线上,让壮观的天空占据画面的其余部分。如果海滩上有一块引人注目的岩石或者一个人物,尝试将其放置在左侧或右侧的垂直三分之一线上的某个交叉点,这样会让整个场景看起来更加引人入胜。

5.4 B 站引流

其实所谓引流，就是对用户做个性化的推荐，相信我们都知道，当你最近几天关注某一类型的产品时，打开自己的抖音、快手、小红书、B 站等软件时，里面推荐的视频和内容，很多都是关于这种商品的。所以，对于 B 站的引流，就等同于让需要的客户看到我们的视频。

5.4.1 视频数据推荐

对于运营者来说，应当知道，如果一个视频能够上到 B 站的首页推荐，那么这个视频肯定会拥有更多的流量和曝光量，如果视频的内容非常优质，可能会因为这个视频，达到粉丝数量暴涨的效果。

首先我们要了解 B 站运营中，视频上首页推荐需要什么条件。

观看量

观看量是衡量视频受欢迎程度的最直接指标。它指的是视频被观看的次数。在 B 站，一个视频的观看量越高，表明越多的人对这个内容感兴趣。高观看量不仅增加了视频被更多人看到的机会，也是 B 站算法推荐视频的一个重要依据。观看量高的视频更有可能被算法捕捉并推荐给更多用户。

点赞量

点赞量是衡量观众喜爱和支持视频内容的关键指标。用户点赞通常表示他们认同视频的内容或者欣赏其创意和制作质量。在 B 站的推荐算法中，点赞量是一个重要的正向反馈，表明视频具有吸引人的内容，这也会促使平台将视频推荐给更多的潜在观众。

投币量

投币是 B 站特有的一种用户互动方式，用户通过向视频投币表达对视频内容或 UP 主的支持。投币不仅是用户支持的一种表达，也是内容质量的一个指标。通常，用户愿意为他们特别喜欢的视频投币。从运营的角度看，高投币量的视频通常意味着内容质量高或极具吸引力，这样的视频更容易被推荐系统捕捉并推荐给更广泛的观众。

收藏量

收藏量表示用户将视频保存到他们的"稍后观看"列表或创建的收藏夹中的次数。这是一个非常重要的指标，因为它不仅显示了观众对视频的兴趣，还表明视频具有被反复观看的价值。用户通常收藏那些他们觉得有用或特别有趣的视频，这种行为向 B 站的推荐算法发出信号，表明视频质量高，值得被更广泛推广。

我们可以根据上面的四种推荐原则，让 AI 给出我们视频的具体运营方式，假设后台数据见表 5-1。

表 5-1 B 站某视频的后台数据表

视频标题	观看量	点赞量	投币量	收藏量
【科技简述】未来科技展望	1345678	321456	45678	89012
【日常 Vlog】我的一天	234567	12345	1234	2345
【游戏实况】最新游戏速通挑战	987654	234567	34567	67890
【美食制作】家常菜谱大全	456789	78901	12345	23456
【动漫解析】经典动漫背后的故事	567890	123456	23456	45678

问：

请根据上面的后台数据，为我进行分析，提出对上面几个视频的博主的优化建议。

答：

根据提供的 B 站视频数据，我们可以对每个视频的表现进行分析，并提出相应的优化建议。这些建议旨在帮助博主提高视频的观看量、点赞量、投币量和收藏量，从而增加视频被推荐到首页的机会。

1. 【科技简述】未来科技展望：

分析：此视频的观看量和点赞量都相当高，显示出很好的受众接受度和内容质量。然而，相比于观看量，投币量和收藏量虽然不低，但提升空间仍然很大。

建议：

加强互动：鼓励观众在评论区提问，增加视频中提到的话题深度，激发更多投币和收藏。

内容延展：考虑制作相关主题的系列视频，维持并增加观众的持续关注和参与。

2. 【日常 Vlog】我的一天：

分析：观看量相对较低，点赞量和投币量也显得较少，表明视频内容可能不够吸引人或特色不明显。

建议：

提升内容质量：增加一些创新元素或幽默感，让内容更加生动有趣。

增强个人特色：强化个人品牌，让观众对博主有更深的记忆，提高忠实度。

3.【游戏实况】最新游戏速通挑战：

分析：该视频在游戏类视频中表现出色，尤其是在点赞量和投币量上。

建议：

优化视频编辑：通过更流畅的剪辑和高质量的视听效果来提升观看体验。

互动提升：可以通过直播或 Q&A 环节来增加与观众的互动，进一步提升观众的参与感。

4.【美食制作】家常菜谱大全：

分析：虽然观看量不低，但与其他指标相比，点赞和投币量较少，可能表明内容的吸引力有限。

建议：

增加教学细节：提供更多的烹饪技巧和特殊料理方法，增加视频的教育价值。

使用高质量的摄影技术：改善视频的视觉呈现，吸引更多的美食爱好者。

5.【动漫解析】经典动漫背后的故事：

分析：该视频在收藏量上表现良好，表明内容具有较高的重播价值。

建议：

深入探讨主题：增加对动漫背景、制作过程的深入分析，提供更多幕后信息。

联动其他内容：与动漫相关的其他内容制作联动，如访谈动漫制作者，增加内容的独特性和吸引力。

根据后台的数据，可以让 AI 帮助提出一些优化策略，帮助运营者在以后视频创作中做得更好。

5.4.2 视频标签

B站的视频引流，可以通过视频标签来实现。视频标签对B站的运营者很重要，其主要充当视频内容的总结，是与视频主题相匹配的关键词，是视频的流量端口之一，我们可以使用AI来帮助我们定制视频标签，从而精准选择标签，达到引流的目的。

如下，有10个B站的视频。

1. 【科学探索】解密黑洞：宇宙中的神秘力量。
2. 【历史纪录】穿越时光：探访唐朝的繁荣与日常。
3. 【搞笑短剧】当程序员遇到咖啡：一部关于代码与咖啡因的喜剧。
4. 【美妆教程】零基础！跟我学如何打造自然日常妆容。
5. 【户外冒险】独自徒步穿越撒哈拉沙漠的挑战。
6. 【动画解析】《进击的巨人》背后的象征与主题深度分析。
7. 【音乐现场】街头音乐系列：来自纽约地铁的现场演出。
8. 【心理学】如何理解焦虑：从心理学角度带你认识自己。
9. 【技术教程】如何使用Python进行数据分析：实战教程。
10. 【游戏直播】今晚一起玩《赛博朋克2077》：探索夜之城的秘密。

我们可以让AI直接帮助我们定位合适的标签，向AI提问如下。

问：

现在提供10个B站的视频，请为这10个视频匹配合适的视频标签。

视频如下。

略。

答:

对于上述提供的 10 个 B 站视频标题, 合适的视频标签如下:

1.【科学探索】解密黑洞: 宇宙中的神秘力量:

科学

宇宙

黑洞

物理学

探索

神秘

天体物理

2.【历史纪录】穿越时光: 探访唐朝的繁荣与日常:

历史

唐朝

纪录片

中国历史

文化

古代生活

3.【搞笑短剧】当程序员遇到咖啡: 一部关于代码与咖啡因的喜剧:

搞笑

程序员

咖啡

短剧

生活

科技

4.【美妆教程】零基础! 跟我学如何打造自然日常妆容:

美妆

教程

化妆技巧

日常妆容

初学者

时尚

5.【户外冒险】独自徒步穿越撒哈拉沙漠的挑战:

户外

冒险

撒哈拉

徒步

旅行

极限挑战

6.【动画解析】《进击的巨人》背后的象征与主题深度分析:

动画

解析

进击的巨人

深度分析

动漫

主题

7.【音乐现场】街头音乐系列:来自纽约地铁的现场演出:

音乐

现场

街头艺术

纽约

地铁

表演

8.【心理学】如何理解焦虑:从心理学角度带你认识自己:

心理学

焦虑

自我帮助

> 认知
>
> 心理健康
>
> 治疗
>
> 9.【技术教程】如何使用 Python 进行数据分析:实战教程:
>
> 技术
>
> 教程
>
> Python
>
> 数据分析
>
> 编程
>
> 信息技术
>
> 10.【游戏直播】今晚一起玩《赛博朋克2077》:探索夜之城的秘密:
>
> 游戏
>
> 直播
>
> 赛博朋克2077
>
> 视频游戏
>
> 探索
>
> 科幻

5.4.3 推广引流

在 B 站的平台架构中,流量可以被划分为"公域流量"。这类流量属于平台通用资源,意味着所有内容都有机会接触到这部分用户。然而,为了实现更有效的个人品牌建设和提高观众黏性,UP 主需将策略重点放在如何将这些"公域流量"转化为"私域流量"上。通过转化,UP 主能够建立起一群忠实的观众群体,这些观众不仅频繁访问其频道,还会主动参与互动,形成了一个更加稳定和可持续的流量来源。

专栏引流

B 站的专栏是定位于通过全新的文章展示来表达创作者的创作内容。

专栏页面的文章撰写，UP 主可以往自己擅长的方向进行创作。既可以把自己视频区的视频提炼为图文，也可以在专栏中发布一些难以做成视频的文案内容，以图文形式进行呈现。我们可以使用 AI 工具来优化我们的视频文案，将其写成有意思的短文，再配上插图。

> **问：**
>
> 在此有一段 B 站视频的文案，请你将其提炼改写成一篇优质的文章。
>
> 文案如下：
>
> 视频标题：
>
> "看不见的挑战：小学生的孤独症"
>
> 开场部分：
>
> 镜头：黑屏过渡到慢镜头的小学校园，孩子们在操场上玩耍。
>
> 旁白："在这个充满欢声笑语的校园中，有些孩子却感到格外孤单。"
>
> 转场：通过淡出效果，镜头切换到一个独自坐在角落的小孩。
>
> 探索孤独症的定义和表现：
>
> 镜头：医生在办公室内向镜头解释孤独症的基本知识。
>
> 字幕：显示关键信息，如"孤独症是一种神经发展障碍，影响沟通和社交能力"。
>
> 转场：切换到真实案例，展示一个孤独症儿童的日常生活。
>
> ……

看不见的挑战：小学生的孤独症

在一个普通的小学校园里，孩子们的欢声笑语构成了一幅生动的画面。他们在阳光下追逐，无忧无虑地玩耍。然而，在这幅光彩夺目的画面的边缘，坐着一个孤独的小孩，他的世界似乎与其他孩子隔着一道无形的墙。

小明是这个校园中的一名特殊孩子。他患有孤独症，这是一种影响个体在社交和沟通能力方面的神经发展障碍。在课堂上，当老师提问时，其他孩子举手抢答的同时，小明却常常沉默，目光游离。休息时间，当孩子们组成小团体玩耍时，小明总是独自一人，静静地坐在一旁，他的眼神中透露出一种难以言喻的孤独。

小明的父母曾试图解释给他的老师和同学们，他们的儿子与众不同，需要更多的理解和关心。他们也曾带他去见心理咨询师，希望专业的引导能帮助他更好地融入集体。

在这样的背景下，小明的生活似乎是一场持续的挑战。但在专业人士和家人的共同努力下，他也开始有了改变。在心理咨询师的帮助下，小明学会了用眼神交流，开始尝试用简短的语句表达自己的需求。他的老师也开始采用更多的视觉教学方法，帮助他更好理解课堂内容。

随着时间的推移，小明在同学们的帮助下，逐渐参与到了更多的集体活动中。虽然他仍然不善于表达，但他开始尝试与同伴玩简单的游戏，并在活动中找到了属于自己的一席之地。

这个故事告诉我们，孤独症并不是一个孩子的标签，而是一种需要我们共同理解和支持的挑战。每个孩子，无论他们的条件如何，都值得被社会接纳和理解。通过教育和社会的共同努力，我们可以给予这些特殊的孩子更多的关爱，帮助他们找到自己在这个世界上的位置。

我们呼吁社会上每一个人，都能对孤独症儿童给予更多的理解和支持。只有这样，我们才能确保每一个孩子都能在这个多彩的世界中找到属于自己的那片天空。

我们可以将其修改后，放入专栏中，以期达到引流的目的。

评论引流

可以在其他同一个领域内的 UP 主优质视频的评论区中进行沟通引流,我们只需要点击 B 站中的"热门"板块,从中筛选出和我们账号定位相同领域的账号,在其热门视频中点击评论即可。

其他平台引流

当然不止是 B 站内部引流,同样我们可以在其他的网络平台上引流。比如,可以在微博、微信平台预热自己的直播、视频等。对于在其他平台的预热引流文案,也可以直接使用 AI 进行生成,如下。

问:

我在 B 站今晚 9 点有一场关于"小学生的孤独症"的直播,请你为我撰写在微博上的引流文案。

答:

【直播预告】

《看不见的挑战:小学生的孤独症》

今晚 9 点,我们将在 B 站深入探讨一个鲜为人知却极其重要的话题 —— 小学生的孤独症。在这个光鲜亮丽的社会背后,有些孩子正在经历着无声的挑战。他们的世界与常人不同,他们的感受常被忽视。

加入我们,一起走进他们的内心世界,了解他们的困难与需求,探索如何为这些特殊的孩子创造一个更加包容和理解的环境。

点击链接,锁定直播间,与我们共同见证这一刻的温暖与感动:[直播链接]

分享这条信息,让更多的人关注这个重要话题。每一次关注都可能成为改变一个孩子生活的起点。

#孤独症意识 #小学生心理健康 #B 站直播

5.5 B站运营数据分析

对于B站的运营者而言,想要在竞争日趋激烈的新媒体行业中获得胜利,就要了解受众群体的数据,进行精准分析,时刻调整,达到推广的目的。

5.5.1 内容数据

对于繁杂的后台运营数据,UP主想要了解,可以通过B站的"数据中心"来查看,在此不列举真实数据,使用虚拟数据来演示如何使用AI做内容数据分析,见表5-2、表5-3。

表 5-2 昨天五个视频运营数据

视频ID	播放量	评论数	弹幕数	点赞数	分享数	硬币数	收藏数
V1	15236	120	45	2030	351	560	1234
V2	8457	0	23	1234	167	280	987
V3	31024	310	110	5600	782	1100	3300
V4	2400	89	0	430	80	150	520
V5	150	2	1	30	5	20	45

表 5-3 今天五个视频运营数据

视频ID	播放量	评论数	弹幕数	点赞数	分享数	硬币数	收藏数
V1	16450	135	50	2200	375	600	1300

续表

视频 ID	播放量	评论数	弹幕数	点赞数	分享数	硬币数	收藏数
V2	9000	0	25	1300	170	290	1000
V3	32500	320	115	5800	800	1150	3400
V4	2500	92	0	450	85	160	530
V5	170	5	2	40	8	25	50

问：

请根据上面两个表格，分析数据变化的原因，并提供对策。

答：

为了分析上述虚拟数据的变化并提出可能的对策，我们首先需要观察每个视频的数据差异，并探讨可能的影响因素。

数据观察

从昨天到今天，各项数据大体上都呈现出增长的趋势。具体来看：

播放量：大多数视频的播放量都有所增加，特别是 V1 和 V3，这可能意味着这些视频内容更具吸引力或者它们得到了更多的推荐。

评论数和弹幕数：V3 的评论数和弹幕数明显增多，可能是因为视频内容引起了较多的互动和讨论。而 V2 则依旧没有评论，这可能是视频内容不引人注目或者观众群较小。

点赞数、分享数、硬币数和收藏数：这些与观众的积极参与度相关的指标普遍上升，尤其是在点赞数和收藏数上的增长明显，这表明视频内容可能具有一定的吸引力和保存价值。

可能的原因

1. 内容质量与吸引力：视频 V1 和 V3 的表现明显优于其他视频，可能是因为它们的内容更加优质或者更符合观众的兴趣。

2. 推广策略：如果对 V1 和 V3 进行了更有效的推广（如通过社交媒体、广告或平台推荐），则可能带来更多的观看和互动。

3. 发布时间与观众活跃度：发布视频的时间可能影响观看数，如在观众活跃时间发布可能会增加曝光。

> **对策建议**
>
> 1. 分析热门视频内容：进一步分析 V1 和 V3 的内容，看看是否有特定的主题或风格吸引了观众，然后应用这些成功因素到其他视频。
>
> 2. 增强观众互动：对于评论和弹幕较少的视频，可以尝试在视频中加入更多互动元素，如提问、调查或者互动式内容，以提高观众参与度。
>
> 3. 优化发布时间：研究观众活跃的时间段，并在这些时段发布新内容，以最大化曝光和互动。
>
> 4. 多渠道推广：利用社交媒体、合作伙伴或广告投放来提高视频的可见性和观众覆盖率。

通过上述分析和对策，可以更好地理解数据变化的背后因素，并有针对性地提升视频的表现。

5.5.2 粉丝管理

在 B 站，UP 主可以通过分析粉丝活跃度、新增用户趋势、粉丝来源、粉丝排行以及粉丝画像，全面了解用户特点。这些数据有助于明确用户定位，进一步分析自身用户群体的特征，从而制订有针对性的运营策略和精准的营销计划，提高内容的吸引力和转化效果。

假设我们通过 B 站后台的"创作中心"（图 5-9）获取了关于粉丝的后台数据，其中包括点赞、收藏、评论、投币、弹幕、直播礼物、分享、直播弹幕等数据和其百分比如下。

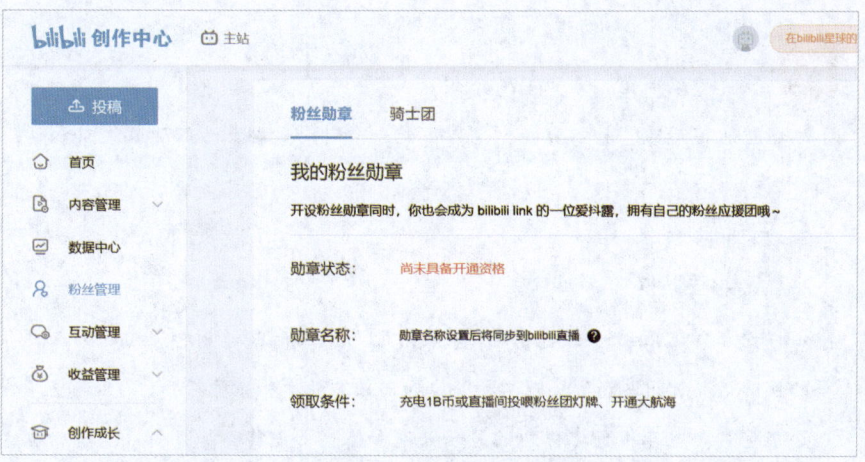

图 5-9 B 站的"粉丝管理"界面

1. 点赞：粉丝点赞总数为 18,250，占总活跃交互的 20%。

2. 收藏：收藏总数为 4,600，占总活跃交互的 5%。

3. 投币：投币总数达到 7,820，占总活跃交互的 8.5%。

4. 分享：分享总次数为 3,150，占总活跃交互的 3.5%。

5. 评论：评论总数为 12,400，占总活跃交互的 13.5%。

6. 弹幕：弹幕发送总数为 23,300，占总活跃交互的 25%。

7. 直播礼物：直播期间收的礼物总数为 9,450，价值约 12 万元人民币，占总活跃交互的 10%。

8. 直播弹幕：直播弹幕发送总数为 15,880，占总活跃交互的 17.5%。

我们可以使用 AI 工具对上面的数据进行分析，让其分析出 B 站账号运营中的问题，从而有针对性地提出运营策略和后续的营销计划。

假设你是一位 B 站的运营者，请根据上面的后台"粉丝数据"为我生成关于账号的运营策略和营销计划。

根据上述后台"粉丝数据",以下是一个针对B站账号的运营策略和营销计划:

运营策略

1. 增强互动性

评论与弹幕互动:强化与观众的实时互动,比如在视频和直播中引入更多的互动话题和问答环节,以增加评论和弹幕的数量和质量。

优化弹幕显示:优化弹幕的显示效果和位置,使其更加吸引人,增加观众发送弹幕的愿望。

2. 内容创新:

定期内容更新:保持内容的新鲜感和创新性,定期推出特色主题视频或系列内容,以维持并提升粉丝的兴趣和活跃度。

用户投稿和互动专栏:开设用户投稿环节,鼓励粉丝制作内容,增加粉丝的归属感和参与度。

3. 直播活动:

互动直播:定期举行互动直播活动,如问答、抽奖、专题讨论等,利用直播礼物和直播弹幕提升粉丝参与感。

合作直播:与其他UP主或知名人士合作,举行联合直播,扩大影响力和吸引新粉丝群体。

营销计划

1. 粉丝激励计划:

奖励系统:为点赞、投币、收藏和分享等行为设立积分奖励系统,积分可兑换礼品或特权,激励更多的互动行为。

顶级粉丝认证:对活跃粉丝进行"超级粉丝"认证,赋予他们特殊身份标识和独家内容访问权限。

2. 内容推广:

多平台推广:在微博、微信、抖音等平台上推广视频内容,扩大观众基础,吸引新的粉丝流量。

> 定向广告：利用B站的广告系统针对潜在用户群体推送定向广告，特别是针对那些对相似内容感兴趣的用户。
>
> 3. 品牌合作：
>
> 品牌赞助：寻找与内容主题相匹配的品牌进行合作，如游戏、动漫、电子产品等，通过赞助提供的财务支持增加粉丝互动奖励。
>
> 跨界项目：与其他行业或领域的品牌进行跨界合作项目，增加内容的多样性和吸引力。
>
> 通过这些策略和计划，可以有效地提升账号的活跃度和粉丝忠诚度，同时增加新粉丝的吸引力，提升整体的运营效果和市场表现。

此外，还可以使用AI工具，根据具体的粉丝画像，如男性女性粉丝比例、年龄分布、粉丝地区分布等信息，为账号生成优化策略。

假设账号为"小学生心理辅导"，现有如下的用户画像数据。

> 1. 粉丝性别比例：
>
> 女性：57.3%
>
> 男性：42.7%
>
> 2. 粉丝年龄分布：
>
> 18岁以下：12.2%
>
> 18～24岁：28.4%
>
> 25～34岁：40.9%
>
> 35～44岁：15.1%
>
> 45岁及以上：3.4%
>
> 3. 粉丝地区分布：
>
> 东部沿海地区（如上海、江苏、浙江）：34.6%
>
> 北部地区（如北京、天津、河北）：22.3%
>
> 南部地区（如广东、福建）：18.5%

西部地区（如四川、重庆）：12.7%

中部地区（如湖北、湖南）：11.9%

根据上面的假设数据，AI 分析如下。

问：

上面内容为：账号"小学生心理辅导"的用户画像的精确数据。请你作为一位 B 站的运营者，为我提出对账号的优化策略。

答：

作为 B 站的运营者，针对"小学生心理辅导"这一主题的账号，您可以采用以下优化策略来提高账号的影响力和互动性：

1. 内容策略调整：

针对主要年龄层：鉴于粉丝主要集中在 18～34 岁，可以制作与家长角色相关的内容，如如何与孩子进行有效沟通、家庭教育心理学等，同时也可以发布一些面向青少年的自我心理调节的方法。

专题内容：定期推出针对常见学龄儿童心理问题的系列视频，如压力管理、自尊心培养、情绪调节等。

2. 互动与社区建设：

Q&A 环节：定期举行问答环节，邀请心理学专家或教育者解答家长和青少年的实际问题。

创建社群：建立微信群或 QQ 群，形成以"小学生心理辅导"为主题的社区，加强粉丝间的互动和经验分享。

3. 合作与推广：

跨界合作：与知名的教育或心理学专家合作，制作联名视频，提高内容的权威性和专业性。

合作学校和教育机构：与学校合作，进行专题讲座或研讨会，从而吸引更多家长和教育者关注账号。

4. 内容形式创新：

多样化内容形式：除了传统的视频外，可尝试直播、动画、故事讲述等多种形式，以适应不同观众的喜好。

互动性视频：制作一些互动性强的视频，如心理测试、互动小游戏等，增加用户的参与度和黏性。

5. 地区差异化策略：

地区性内容定制：根据粉丝的地区分布特点，制作一些符合地域文化特色的内容，如针对不同地区家庭教育习惯的分析和建议。

可以看到 AI 提供的思路是具有优化意义的，通过实施这些策略，不仅可以提高账号的吸引力和参与度，还能在 B 站上形成一个积极、健康的讨论氛围，帮助更多家长和孩子解决心理成长的问题。

5.6　B站账号运营推广技巧

随着入驻 B 站的 UP 主越来越多，随之而来的问题就是 B 站的账号如何能快速吸引用户的注意。

5.6.1　个人品牌的打造

无论是抖音快手、小红书还是 B 站平台，我们都能发现，每个人的首页是不同的，首页推荐的内容是根据个人的使用习惯和观看兴趣进行推荐的，一般情况下，近期你看什么内容比较多，那么主页推荐的这一类别的内容就会比较多。

如果个人去看推荐页面的时候，会发现，首页推荐的一般是大 V 或者是头部 UP 主。这就涉及个人品牌的打造了。

> 了解自我优势

在做 B 站运营推广时，初期并不是说，完全仿照别人的账号，虽然说我们可以吸收同领域的头部 UP 主的经验，但是我们要了解到自我的优势，将自我优势扩大。

> 品牌的定位

此处的品牌定位所指的是，我们要打造自己的品牌，比如在某个领域内，大家对某个 UP 主耳熟能详，那么就可以认为他的品牌打造是成功的。

对于个人品牌的定位，可以通过 AI 来提供方法，如下。

问：

我的 B 站运营主题为"儿童心理学研究"，其中对"孤独症"有非常深刻的理解，所以我想放大我这方面的优势来打造一个 B 站的运营账号，请你给出推荐建议，让我定位我自己的品牌。

答：

要在 B 站上成功打造以"儿童心理学研究"为主题的账号，并特别强调对"孤独症"（孤独症）的专业理解，您可以考虑以下策略来定位和提升您的品牌影响力：

1. 专业性展示：

专题视频系列：制作关于孤独症的系列视频，从基础知识、诊断方法、家庭应对策略、教育技巧到最新研究进展等多个角度进行深入解析。

案例分析：分享真实的孤独症儿童案例研究，讲述他们的成长故事和面临的挑战，以及成功的干预措施，提高内容的情感共鸣和实用价值。

2. 建立权威声音：

专家连线：邀请心理学家、治疗师、教育专家等在直播或视频中进行访谈，共同探讨孤独症的相关问题，增加内容的权威性和多样性。

合作与认证：尽可能与医疗机构、教育机构、非政府组织等进行合作，获取其认证或推荐，为您的账号增加正式的专业背书。

3. 互动与社区构建：

互动评论区：鼓励观众在视频下方留言讨论，分享自己的经验或提出疑问，通过及时回复增加用户的参与感。

家长社群：创建专为孤独症儿童家长的交流群体，提供一个支持和资源分享的平台。

4. 内容形式创新：

动画与图解：使用动画和图解的方式来解释复杂的心理学概念和治疗方法，使内容更易于理解和有吸引力。

教育工具推广：介绍和推广适用于孤独症儿童教育的工具和应用，如特定的教育软件、游戏等。

5. 持续教育与培训：

在线课程：开设针对家长和教育工作者的在线课程，教授他们如何有效支持孤独症儿童的学习和成长。

5.6.2 粉丝的维护

B站或者抖音快手、小红书等众多的网络平台，主要依靠的就是粉丝，粉丝的力量是无穷的，所以在运营推广中，要格外重视粉丝的维护。

可以直接询问AI，对粉丝的黏性维护有什么建议。

问：

假设你是一位B站的运营推广大V，对粉丝维护有非常独到和全面的见解。请提出对粉丝的维护方法。

答：

在B站作为运营推广大V，维护和增强粉丝关系是非常关键的任务。以下是对原有策略的详细扩展和补充：

1. 内容创新与质量保证：

细分内容主题：根据粉丝兴趣和行业趋势，开发细分主题和系列，比如专题讲座、技术解析、日常Vlog等，以满足不同粉丝群体的需求。

高标准制作：投资于高质量的摄影和编辑设备，提升视觉和听觉体验，确保每一部作品都具有较高的专业标准。

内容策划：围绕热点事件或节日，策划特别内容，提高内容的时效性和吸引力。

2. 互动与反馈：

增加互动环节：在视频中加入更多的互动环节，如观众投票决定下一主题、观众提问专区等。

建立反馈机制：设立专门的反馈渠道，如问卷调查和意见收集箱，鼓励粉丝提供内容改进的意见和建议。

3. 社区建设：

专属内容和活动：为社区成员提供专属内容或先行预览权，组织粉丝专属的竞赛和挑战，提高其参与感和专属感。

志愿者团队：培养一支粉丝志愿者团队，参与社区管理和活动组织，增强社区的自组织能力。

4. 定期举办活动：

主题活动：根据季节或重大事件设计主题活动，如"夏日短片大赛"、"新年祝福视频征集"等，增强粉丝的参与热情。

合作跨界：与其他UP主或品牌合作，共同举办大型活动，扩大影响力和粉丝基础。

5. 激励与奖励机制：

定制商品：为顶级粉丝提供限量版商品、签名海报等独家纪念品。

优先权益：为活跃粉丝提供视频提前看权限、直播间的特别身份标识等。

6. 透明度和诚信：

定期直播：进行"幕后花絮"直播，分享视频的制作过程，解答粉丝的问题，增强粉丝的信任和归属感。

策略透明：对于广告和赞助内容，明确标注，确保内容的透明和诚信。

7. 利用数据分析：

行为模式分析：深入分析粉丝观看习惯和互动数据，定制个性化的内容推荐，提高粉丝黏性。

效果评估：定期评估推广活动的效果，如观看时间、点赞率、转发量等，

> 根据数据调整内容和营销策略。
>
> 通过这些策略的实施和不断优化，可以有效增强粉丝的忠诚度和活跃度，从而在竞争激烈的 B 站环境中保持领先地位。

对于上面所提出的建议，我们可以继续追问 AI，让其给出详细答案。同时，针对粉丝的数据，我们可以使用 AI 为粉丝进行分类，达到分类维护的效果。

如：现有一套虚构的 B 站粉丝数据分析。

> B 站账号粉丝数据概览
>
> 用户名：张大爱 Vlog
>
> 账号创建日期：2019 年 6 月 5 日
>
> 视频总观看次数：8,500,000 次
>
> 总粉丝数：120,000 人
>
> 关注中：58
>
> 粉丝增长数据
>
> 2023 年 1 月至 11 月每月粉丝增长：
>
> 1 月：+2000
>
> 2 月：+1800
>
> 3 月：+2200
>
> 4 月：+3000
>
> 5 月：+4000
>
> 6 月：+5000
>
> 7 月：+2500
>
> 8 月：+3200
>
> 9 月：+4300
>
> 10 月：+2100

11月：+3500

粉丝地区分布

北京：20,000人

上海：18,000人

广东：15,000人

浙江：12,000人

四川：10,000人

其他地区：45,000人

粉丝性别分布

男性：65,000人（54%）

女性：55,000人（46%）

粉丝年龄分布

18岁以下：20,000人

18～24岁：40,000人

25～34岁：35,000人

35岁以上：25,000人

粉丝互动数据

平均每视频评论数：350

平均每视频点赞数：4,000

平均每视频分享数：500

这些数据完全是虚构的，旨在提供一个B站后台粉丝数据的示例。

可以直接使用AI，让其通过粉丝数据，为我们提供B站账号运营推广的方案。

问:

假设你是一位B站推广运营大V,现给出一组非常完整的粉丝后台数据,请根据这组数据,为我提供账号运营推广的方案。

答:

根据上述虚构的B站账号数据,我们可以制订一个针对性的账号运营推广方案。这里是几个关键策略:

1. 内容策略:

优化内容质量与风格: 针对18~24岁的年轻观众群体,这个群体通常喜欢创新和有趣的内容,尝试制作一些创新的、具有互动性的视频,如挑战、实验或流行文化评论。

视频系列化:创建连贯的视频系列,如教程、生活日常或主题探讨,以吸引粉丝定期回访并提高用户黏性。

加强与粉丝互动: 通过直播和视频中的互动环节,如问答和观众投票,增加粉丝的参与感。

2. 推广策略:

合作与跨界:与其他大V或知名品牌合作,尤其是在北京、上海这样的大城市,借助他们的粉丝基础增加曝光。

参与热点:及时响应当前热门话题和事件,制作相关内容,利用热度提升视频曝光率。

3. 技术优化:

SEO优化:在视频标题、描述和标签中使用高频关键词,提高视频在搜索结果中的排名。

调整发布时间:分析粉丝活跃时间,调整视频发布时间,确保内容在粉丝最活跃的时段发布。

4. 粉丝互动提升：

组织活动：举办粉丝见面会、线上问答或竞赛，增强粉丝的参与感和归属感。

利用弹幕文化：鼓励粉丝在视频中留下弹幕，增加视频的互动性和观看时长。

5. 数据分析与反馈：

定期分析数据：定期检查粉丝增长、观看数据和互动数据，分析哪些内容最受欢迎，并根据这些数据调整内容策略。

反馈循环：鼓励粉丝通过评论提供反馈，并且认真对待这些反馈，以此来改进未来的视频内容。

这个运营推广方案的目的是提升视频内容的吸引力、增加粉丝互动以及提高账号的整体曝光率和影响力。通过精准的目标群体定位和有效的推广策略，可以有效提升B站账号的粉丝增长速度。

5.7 B 站账号变现

B 站的盈利变现方式较多，不只有官方的扶持，UP 主还可以探索站外的变现方式。

5.7.1 官方扶持变现

官方扶持是许多新手 UP 主迈向职业化的重要途径。B 站为创作者提供了多种激励政策和收入渠道，让那些内容优质且具有成长潜力的 UP 主能够专注创作，同时获得一定的经济回报。

创作激励计划

B 站的创作激励计划可以说是官方扶持的核心。UP 主上传原创视频后，平台会根据播放量、互动数据（如点赞、弹幕、收藏）、内容质量等综合评估，向创作者发放一定比例的激励金。这不仅是对优质内容的一种鼓励，也是帮助创作者初步获得经济回报的有效方式。

比如一个播放量较高的视频，可能单靠创作激励每月为 UP 主带来数百至数千元的收入。而对于粉丝较多、视频经常登上推荐的头部 UP 主来说，创作激励甚至可以成为他们稳定的收入来源。不过需要注意的是，这一计划更适合坚持原创、具备长期内容输出能力的 UP 主。

UP 主成长计划

B 站官方会定期开展类似于"百大 UP 主评选""扶持新人"等活动。参与这些活动的 UP 主,不仅能获得官方流量支持,还可以通过奖金或合作项目直接获得经济收益。尤其是对于小体量 UP 主,这些活动提供了一个快速增粉和提高知名度的机会。

官方品牌合作机会

优秀的内容创作者还可能被邀请参与官方推出的品牌活动,例如代言或推广 B 站自有业务(如动画、游戏)。这些合作通常会有较高的佣金回报。更重要的是,这类合作往往有助于 UP 主提升个人品牌影响力,为未来的站外变现打下基础。

5.7.2 视频广告变现

视频广告是 UP 主最重要的商业变现方式之一。通过在视频中植入广告内容,创作者能够直接与品牌方合作,赚取广告费用。这种方式灵活性较强,不同规模的 UP 主都可以找到适合自己的合作方式。

视频植入广告

这是最常见的广告形式。品牌方会与 UP 主合作,让他们在视频中展示或推荐品牌的产品或服务。具体形式可以是专门的广告时间段,也可以是视频剧情中自然融入的广告。例如,UP 主在评测电子产品时推荐某品牌的配件,或在游戏解说中提及某款周边产品。

广告植入的收益通常取决于 UP 主的粉丝数量和内容影响力。头部 UP 主的单条广告收入可能高达数万元，而中小 UP 主的广告合作费用则多在几千元。对于新手 UP 主来说，找到适合自己的品牌并建立合作关系是一个需要耐心的过程。

视频贴片广告

这种形式更像传统电视广告。UP 主在视频开头、中间或结尾插入一段品牌提供的短视频广告，通常会获得一笔固定收益。这种方式对 UP 主内容的干扰较小，适合那些注重观众体验的创作者。不过，贴片广告的获取往往需要 UP 主加入广告联盟或通过平台撮合。

合作定制内容

品牌方还可能要求 UP 主专门为某产品或服务制作定制视频。这类内容的广告痕迹通常比较明显，但由于视频内容是为品牌量身打造，创作者能从中获得更高的回报。例如，某科技品牌可能邀请 UP 主制作一系列产品开箱视频，或为新游戏发布创作专属攻略。

5.7.3 直播电商变现

随着电商直播的兴起，越来越多的 UP 主开始将 B 站作为直播带货的平台。相比其他平台，B 站用户更加年轻化，对创意内容的接受度高，因此电商直播在 B 站的潜力巨大。

开设直播间销售产品

UP 主可以通过在直播间展示和销售商品直接实现变现。比如，一位数码产品评测类 UP 主，可以在直播中详细介绍某款耳机或手机的使用体验，并通过挂链接直接销售。这种形式不仅让观众更直观地了解产品，还能通过实时互动提升转化率。直播电商的收入模式多样，包括商品销售提成、品牌方支付的推广费用，以及平台提供的激励政策。优秀的直播带货 UP 主往往能够在短时间内通过销量创造可观的收益。

结合粉丝经济的特色销售

B 站用户黏性高，许多粉丝对 UP 主具有强烈的信任感。因此，UP 主可以利用自己的影响力销售周边商品。例如，绘画类 UP 主可以在直播中推广自己的设计产品，或者美食类 UP 主可以销售自制的零食。只要产品与内容风格契合，就能形成独特的吸引力。

联合品牌合作直播

UP 主还可以与品牌方合作，开展专场直播推广品牌的产品。这种形式对双方都有好处：品牌获得了精准的受众，而 UP 主则能通过合作获得较高的佣金。此外，与品牌的直播合作还能提升 UP 主的行业影响力，为后续合作创造更多机会。

后记

新媒体已经深度融入我们的日常生活,成为人们获取信息、表达观点和社交互动的主要渠道。AI 正在以不可逆转的趋势,全面重塑新媒体的运营和推广方式。AI 技术的应用,不仅提高了内容创作的效率和质量,也为新媒体行业带来了前所未有的创新机遇。

AI 在内容创作领域展现出了强大的潜力。过去,制作高质量的图片、视频和文案需要耗费大量的时间和人力资源。如今,借助 AI 工具,我们可以快速生成富有创意和吸引力的内容。AI 绘图技术能够根据简单的描述生成精美的图像,为视觉呈现增添色彩。智能视频剪辑和生成工具,可以自动完成视频的制作和编辑,让内容创作者更加专注于创意本身。在文案创作方面,AI 写作助手能够根据主题和关键词,生成流畅且符合受众需求的文章,大大提高了工作效率。

在用户数据分析和精准营销方面,AI 技术的应用同样令人瞩目。新媒体平台上,用户行为数据庞大而复杂。通过机器学习和数据挖掘,AI 可以深入分析用户的兴趣偏好和行为模式,为运营者提供有价值的洞察。基于这些数据,运营者可以制定更具针对性的内容策略,实现个性化推荐,提升用户的参与度和忠诚度。这种精准化的运营方式,不仅提高了营销效果,也为用户带来了更佳的体验。AI 还在新媒体的互动和社群运营中发挥着重要作用。智能客服机器人可以 24 小时在线,为用户解答疑问,提供个性化的服务。情感分析和语义理解技术，可以帮助运营者及时了解用户的情绪和反馈，迅速调整运营策略，避免负面舆情的扩散。

随着深度学习和自然语言处理等技术的不断突破，AI将能够理解和创作更加复杂和富有情感的内容。或许，我们可以预见一个由AI驱动的全媒体时代即将到来，内容创作者和受众之间的界限将变得更加模糊，每个人都可能成为内容的生产者和传播者。无论是在小红书、抖音、快手，还是B站等平台，AI技术都在重塑着新媒体的生态。它为内容创作带来了新的可能性，为用户体验提供了新的维度，也为商业模式的创新打开了大门。面对这一趋势，新媒体从业者需要积极拥抱变化，不断学习和适应新的技术和工具。

本书旨在帮助读者深入理解AI在新媒体运营和推广中的应用，提供实用的策略和方法。希望通过本书的指导，大家能够掌握AI赋能的新媒体运营技巧，在激烈的市场竞争中脱颖而出。AI时代的新媒体运营和推广充满了机遇和挑战。只有不断创新，勇于探索，才能在未来的浪潮中立于不败之地。让我们共同期待，AI为新媒体行业带来更多的惊喜和可能性。